PRÉFECTURE DE LA SEINE

DIRECTION DES TRAVAUX DE PARIS

# RECUEIL DE RÈGLEMENTS

PARIS

CHARLES DE MOURGUES FRÈRES,

IMPRIMEURS DE LA PRÉFECTURE DU DÉPARTEMENT DE LA SEINE

RUE JEAN-JACQUES ROUSSEAU, 8

1876

# PRÉFECTURE DE LA SEINE.

## DIRECTION DES TRAVAUX DE PARIS.

# RECUEIL DE RÈGLEMENTS.

PARIS,

CHARLES DE MOURGUES FRÈRES,

IMPRIMEURS DE LA PRÉFECTURE DU DÉPARTEMENT DE LA SEINE,

RUE JEAN-JACQUES-ROUSSEAU, 58.

—

1875.

3309.

©

# RECUEIL DE RÈGLEMENTS.

### Décret relatif aux attributions du Préfet de la Seine et du Préfet de Police.

## 10 *octobre* 1859.

NAPOLÉON, par la grâce de Dieu et la volonté nationale, Empereur des Français, à tous présents et à venir, salut;

Notre Conseil d'État entendu,

AVONS DÉCRÉTÉ ET DÉCRÉTONS CE QUI SUIT :

### ART. 1er.

A l'avenir, les attributions du Préfet de la Seine comprendront, en outre de celles qui lui sont dès à présent conférées par les lois et règlements, et sous les réserves exprimées par les art. 2, 3, 4 ci-après :

1° La petite voirie, telle qu'elle est définie par l'art. 21 de l'arrêté du 12 messidor an VIII ;

2° L'éclairage, le balayage, l'arrosage de la voie publique, l'enlèvement des boues, neiges et glaces;

3° Le curage des égouts et des fosses d'aisances ;

4° Les permissions pour établissements sur la rivière, les canaux et les ports;

5° Les traités et tarifs concernant les voitures publiques et la concession des lieux de stationnement de ces voitures et de celles qui servent à l'approvisionnement des halles et marchés ;

6° Les tarifs, l'assiette et la perception des droits municipaux de toute sorte dans les halles et marchés;

7° La boulangerie et ses approvisionnements ;

8° L'entretien des édifices communaux de toute nature;

9° Les baux, marchés et adjudications relatifs aux services administratifs de la ville de Paris.

Toutefois, lorsque ces baux intéresseront la circulation, l'entretien, l'éclairage de la voie publique et la salubrité, ils devront, avant d'être présentés au conseil municipal, être soumis à l'appréciation du Préfet de Police, et, en cas de dissentiment, transmis avec ses observations au Ministre de l'Intérieur, qui prononcera.

Les marchés et adjudications relatifs aux services spéciaux de la Préfecture de Police continueront à être passés par le Préfet de Police.

## ART. 2.

Le Préfet de Police exercera, à l'égard des matières énumérées en l'article précédent, le droit qui lui est conféré par l'art. 34 de l'arrêté du 12 messidor an VIII.

Si les indications et réquisitions du Préfet de Police ne sont pas suivies d'effet, il pourra en référer au ministre compétent.

Dans le même cas, si le Préfet de Police fait opposition à l'exécution de travaux pouvant gêner la circulation, ils ne pourront être commencés ou continués qu'en vertu de l'autorisation du Ministre compétent.

## ART. 3.

Le Préfet de la Seine ne pourra proposer au Conseil municipal la concession d'aucun emplacement d'échoppe ou d'étalage, fixe ou mobile, ni d'aucun lieu de stationnement de voitures sur la voie publique, et il ne pourra délivrer d'autorisation concernant les établissements sur la rivière, les canaux et leurs dépendances, qu'après avoir pris l'avis du Préfet de Police. En cas d'opposition de ce magistrat, il ne sera passé outre qu'en vertu d'une décision du Ministre compétent.

## ART. 4.

Dans les circonstances motivant la concession de permissions d'étalage sur la voie publique d'une durée moindre de quinze jours, ces permissions pourront être accordées exceptionnellement par le Préfet de Police, après avoir pris l'avis du Préfet de la Seine.

## ART. 5.

La taxe du pain sera établie par le Préfet de la Seine, d'après les déclarations reçues et enregistrées à la Caisse de la Boulangerie, en exécution du décret organique du 27 décembre 1853. Le Préfet de Police la fera observer, conformément à l'art. 27 de l'arrêté du 12 messidor an VIII, et assurera en outre la fidélité du débit du pain.

Le taux des différences en plus ou en moins mentionnées en l'art. 5 du décret du 27 décembre 1853, sera déterminé par le Conseil municipal sur la proposition du Préfet de la Seine. Il devra être approuvé par le Ministre de l'Agriculture, du Commerce et des Travaux publics.

## ART. 6.

Les dispositions des décrets, arrêtés et ordonnances contraires au présent décret sont et demeurent abrogées.

## ART. 8.

Nos Ministres secrétaires d'État aux départements de l'Intérieur, de l'Agriculture, du Commerce et des Travaux publics sont chargés, chacun en ce qui le concerne, de l'exécution du présent décret.

Fait à Biarritz, le 10 octobre 1859.

*Signé* : NAPOLÉON.

Par l'Empereur :

*Le Ministre Secrétaire d'État au département de l'Instruction publique et des Cultes, chargé par intérim du département de l'Intérieur,*

*Signé :* ROULAND.

# LOGEMENTS INSALUBRES.

**Loi relative à l'assainissement des logements insalubres.**
*19 janvier, 7 mars et 13 avril 1850.*

(Promulguée le 22 avril 1850.)

L'ASSEMBLÉE NATIONALE a adopté la loi dont la teneur suit :

### ART. 1er.

Dans toute commune où le conseil municipal l'aura déclaré nécessaire par une délibération spéciale, il nommera une commission chargée de rechercher et d'indiquer les mesures indispensables d'assainissement des logements et dépendances insalubres mis en location ou occupés par d'autres que le propriétaire, l'usufruitier ou l'usager.

Sont réputés insalubres les logements qui se trouvent dans des conditions de nature à porter atteinte à la vie ou à la santé de leurs habitants.

### ART. 2.

La commission se composera de neuf membres au plus, et de cinq au moins.

En feront nécessairement partie un médecin et un architecte, ou tout autre homme de l'art, ainsi qu'un membre du bureau de bienfaisance et du conseil des prud'hommes, si ces institutions existent dans la commune.

La présidence appartient au maire ou à l'adjoint.

Le médecin et l'architecte pourront être choisis hors de la commune.

La commission se renouvelle tous les deux ans par tiers ; les membres sortants sont indéfiniment rééligibles.

A Paris, la commission se compose de douze membres.

### ART. 3.

La commission visitera les lieux signalés comme insalubres. Elle déterminera l'état d'insalubrité et en indiquera les causes, ainsi que les moyens d'y remédier. Elle désignera les logements qui ne seraient pas susceptibles d'assainissement.

### ART. 4.

Les rapports de la commission seront déposés au secrétariat de la mairie, et les parties intéressées mises en demeure d'en prendre communication et de produire leurs observations dans le délai d'un mois.

## ART. 5.

A l'expiration de ce délai, les rapports et observations seront soumis au conseil municipal qui déterminera :

1° Les travaux d'assainissement et les lieux où ils devront être entièrement ou partiellement exécutés, ainsi que les délais de leur achèvement ;

2° Les habitations qui ne sont pas susceptibles d'assainissement.

## ART. 6.

Un recours est ouvert aux intéressés contre ces décisions devant le conseil de préfecture, dans le délai d'un mois, à dater de la notification de l'arrêté municipal. Ce recours sera suspensif.

## ART. 7.

En vertu de la décision du conseil municipal ou de celle du conseil de préfecture, en cas de recours, s'il a été reconnu que les causes d'insalubrité sont dépendantes du fait du propriétaire ou de l'usufruitier, l'autorité municipale lui enjoindra, par mesure d'ordre et de police, d'exécuter les travaux jugés nécessaires.

## ART. 8.

Les ouvertures pratiquées pour l'exécution des travaux d'assainissement seront exemptées, pendant trois ans, de la contribution des portes et fenêtres.

## ART. 9.

En cas d'inexécution, dans les délais déterminés, des travaux jugés nécessaires, et si le logement continue d'être occupé par un tiers, le propriétaire ou l'usufruitier sera passible d'une amende de seize francs à cent francs. Si les travaux n'ont pas été exécutés dans l'année qui aura suivi la condamnation, et si le logement insalubre a continué d'être occupé par un tiers, le propriétaire ou l'usufruitier sera passible d'une amende égale à la valeur des travaux et pouvant être élevée au double.

## ART. 10.

S'il est reconnu que le logement n'est pas susceptible d'assainissement, et que les causes d'insalubrité sont dépendantes de l'habitation elle-même, l'autorité municipale pourra, dans le délai qu'elle fixera, en interdire provisoirement la location à titre d'habitation.

L'interdiction absolue ne pourra être prononcée que par le Conseil de préfecture, et, dans ce cas, il y aura recours de sa décision devant le Conseil d'État.

Le propriétaire ou l'usufruitier qui aura contrevenu à l'interdiction prononcée sera condamné à une amende de seize francs à cent francs, et en cas de récidive dans l'année, à une amende égale au double de la valeur locative du logement interdit.

## Art. 11.

Lorsque, par suite de l'exécution de la présente loi, il y aura lieu à la résiliation des baux, cette résiliation n'emportera, en faveur du locataire, aucuns dommages-intérêts.

## Art. 12.

L'art. 463 du Code pénal sera applicable à toutes les contraventions ci-dessus indiquées.

## Art. 13.

Lorsque l'insalubrité est le résultat de causes extérieures et permanentes, ou lorsque ces causes ne peuvent être détruites que par des travaux d'ensemble, la commune pourra acquérir, suivant les formes et après l'accomplissement des formalités prescrites par la loi du 3 mai 1841, la totalité des propriétés comprises dans le périmètre des travaux.

Les portions de ces propriétés qui, après l'assainissement opéré, resteraient en dehors des alignements arrêtés pour les nouvelles constructions, pourront être revendues aux enchères publiques, sans que, dans ce cas, les anciens propriétaires ou leurs ayants droit puissent demander l'application des art. 60 et 61 de la loi du 3 mai 1841.

## Art. 14.

Les amendes prononcées en vertu de la présente loi seront attribuées en entier au bureau ou établissement de bienfaisance de la localité où sont situées les habitations à raison desquelles ces amendes auront été encourues.

Délibéré en séance publique, à Paris, les 19 janvier, 7 mars et 13 avril 1850.

*Le Président et les Secrétaires,*

*Signé:* Dupin, Arnaud (de l'Ariége), Lacaze,
Chapot, Peupin, Heeckeren, Berard.

La présente loi sera promulguée et scellée du sceau de l'État.

*Le Président de la République,*

*Signé :* LOUIS-NAPOLÉON BONAPARTE.

*Le Garde des Sceaux, Ministre de la Justice,*

*Signé :* E. Rouher.

**Loi qui modifie l'art. 2 de la loi du 13 avril 1850, relative à l'assainissement des logements insalubres.**

25 *mai* 1864.

NAPOLÉON, par la grâce de Dieu et la volonté nationale, Empereur des Français, à tous présents et à venir, salut;

Avons sanctionné et sanctionnons, promulgué et promulguons ce qui suit:

## LOI.

(Extrait du procès-verbal du Corps législatif.)

Le Corps législatif a adopté le projet de loi dont la teneur suit :

### ARTICLE UNIQUE.

Sont substituées au dernier paragraphe de l'art. 2 de la loi du 13 avril 1850 les dispositions suivantes:

Dans les communes dont la population dépasse cinquante mille âmes, le conseil municipal pourra, soit nommer plusieurs commissions, soit porter jusqu'à vingt le nombre des membres de la commission existante. — A Paris, le nombre des membres pourra être porté jusqu'à trente.

Délibéré en séance publique, à Paris, le 3 mai 1864.

*Le Président,*

*Signé* : Duc de Morny.

*Les Secrétaires,*

*Signé:* Séverin Abbatucci, Comte Le Peletier-d'Aunay, Marquis de Talhouet, H. Busson-Billault.

### Avis du Conseil d'État (sections réunies).

#### 9 *juin* 1870.

Les sections réunies de l'Intérieur, de l'Instruction publique, des Cultes, des Lettres, Sciences et Beaux-Arts, et de l'Agriculture, du Commerce et des Travaux publics, qui, sur le renvoi ordonné par M. le Ministre de l'Intérieur, ont pris connaissance d'une dépêche en date du 18 décembre 1869 de ce Ministre, et ayant pour objet de demander à ces sections réunies leur avis sur le conflit élevé entre le Préfet de la Seine, comme représentant du Conseil municipal de Paris, et le Préfet de Police, relativement à l'interprétation de la loi du 13 avril 1850 sur les logements insalubres ;

Vu la dépêche ci-dessus indiquée du Ministre de l'Intérieur ;

Vu la sommation en date du 8 novembre 1866 du Commissaire de Police du quartier des Grandes-Carrières, à Paris, agissant en vertu des instructions du Préfet de Police et signifiée au sieur Marchand, propriétaire de la villa Saint-Michel, sise avenue de Saint-Ouen, aux fins que ce propriétaire eût, dans le délai de quinze jours, à *faire réparer le sol de la rue dépendant de cette villa, à donner aux eaux pluviales et ménagères un écoulement régulier, le sol de cette rue étant dégradé à divers endroits; les parties non pavées du ruisseau présentant des enfoncements où les eaux séjournaient, ce qui donnait lieu à des émanations infectes et compromettait la salubrité ;*

Vu un certificat en date du 12 février 1867, émané du Commissaire ci-dessus désigné et constatant qu'un délai de six mois avait été accordé par le Préfet de Police au sieur Marchand pour l'exécution de ces travaux ;

Vu les diverses dépêches échangées entre le Préfet de la Seine et le Préfet de Police, desquelles il résulte que le premier magistrat a revendiqué pour le Conseil municipal et la Commission des logements insalubres instituée par la loi du 13 avril 1850, le droit de déterminer et de prescrire les travaux en question ;

Vu notamment la dépêche du Préfet de la Seine, en date du 18 mars 1868, déférant au Ministre de l'Intérieur le conflit dont il s'agit, et énonçant que le Conseil municipal de Paris, sur le rapport de la Commission des logements insalubres, avait, par sa délibération du 5 mai 1865, prescrit au sieur Marchand d'exécuter les mêmes travaux ;

Vu les avis du Comité consultatif d'hygiène publique et du Ministre de l'Agriculture, du Commerce et des Travaux publics, mentionnés dans une dépêche du 24 septembre 1868;

Vu l'avis en date du 26 octobre 1868 du ministre de l'Intérieur;

Vu les mémoires et documents produits par le Préfet de la Seine et le Préfet de Police, ainsi que toutes les autres pièces du dossier;

Vu les lois des 14 décembre 1789, 16-24 août 1790 et 19-22 juillet 1791; l'arrêté du 12 messidor an VIII; les lois des 18 juillet 1837, 13 avril 1850 et 5 mai 1855; le décret du 10 octobre 1859, la loi du 24 juillet 1867;

Considérant que les commissions spéciales instituées en vertu de la loi du 13 avril 1850 sont autorisées, d'après ladite loi, à s'introduire dans les maisons et locaux accessoires habités par des locataires et signalés comme insalubres, à l'effet d'y rechercher et constater les causes de cette insalubrité et les moyens d'y remédier;

Que, sur le rapport de ces commissions, les Conseils municipaux sont appelés à prescrire et ordonner, moyennant certaines formes protectrices du droit de propriété, les mesures et les travaux reconnus nécessaires pour mettre un terme à l'état d'insalubrité des habitations, et même à interdire toute location si l'assainissement des lieux est déclaré impossible;

Considérant que la loi de 1850, en conférant aux Conseils municipaux une pareille attribution, tendant à maintenir la salubrité dans les logements et à préserver la santé et la vie de leurs locataires, n'a pas entendu modifier ou atténuer les pouvoirs des magistrats de police en matière de salubrité publique, tels que ces pouvoirs sont réglés par les lois de 1789, 1790 et 1791 sur la Police municipale, et, en ce qui concerne Paris, par l'arrêté du 12 messidor an VIII;

Que ces divers pouvoirs conférés, soit aux Conseils municipaux par la loi de 1850, soit aux magistrats de police en matière de salubrité de la Cité, peuvent bien concourir au même but, celui de la conservation de la santé publique, et s'exercer simultanément dans les mêmes lieux; mais qu'ils sont parfaitements distincts et ne sauraient être confondus, leur objet spécial étant différent, et les moyens d'exécution employés par chacune de ces autorités n'étant pas identiques;

Considérant qu'à Paris, où il existe une Commission des logements insalubres et un Préfet de Police, leurs attributions respectives doivent, suivant les lois et règlements susvisés, être exercées en ce sens :

1° Que le Conseil municipal est appelé, sur le rapport de la Commission, à prescrire toutes les mesures et les travaux pour l'entier assainissement des logements et de leurs dépendances, reconnus insalubres, tels, par exemple, que ceux tendant à modifier la disposition défectueuse des lieux loués et habités, à leur donner l'air, la lumière, l'espace nécessaires; à assécher les murs ou le sol; à procurer aux eaux ménagères et pluviales un libre écoulement, etc., etc.;

2° Que le Préfet de Police doit prescrire, dans les lieux publics et même dans les locaux privés, toutes les mesures qui intéressent d'une manière générale la salubrité publique, et notamment ce qui concerne les encombrements, les amas d'immondices et de substances malsaines, les exhalaisons dangereuses, l'abandon des animaux morts, la visite de ceux atteints de mal contagieux, celle des échaudoirs, fondoirs, des salles de dissection, l'accumulation des eaux croupissantes, et, en général, tous les objets énumérés en l'article 23 de l'arrêté du 12 messidor an VIII, et, dans les cas urgents, tels que ceux d'épidémie ou de calamité publique toutes autres mesures qu'exigerait l'intérêt de la santé publique;

Considérant que le décret du 10 octobre 1859, dont les dispositions sont limitatives, n'a transféré au Préfet de la Seine aucune des attributions du Préfet de Police relatives à la salubrité publique, telles qu'elles sont spécifiées ci-dessus;

En ce qui concerne plus spécialement le conflit élevé entre le Préfet de la Seine, comme représentant du Conseil municipal de Paris, et le Préfet de Police, à propos de l'assainissement de la rue dépendant de la villa Saint-Michel;

Considérant que d'après la discussion qui a précédé l'adoption de la loi de 1850 sur les logements insalubres, on doit entendre par ce mot *dépendances*, mentionné dans l'article 1er de cette loi, tous les lieux et dépendances quelconques annexés aux locaux habités et dont l'usage est ou particulier ou commun aux locataires, tels que les cours, passages, allées et notamment les *rues et ruelles;*

Qu'à ce titre la rue de la villa Saint-Michel est incontestablement une dépendance de cet immeuble et constitue une voie privée; que cette circonstance que l'accès en est permis au public n'en change pas le caractère, la rue étant grillée à ses deux extrémités, et le propriétaire pouvant à son gré, à chaque instant, interdire cet accès;

Considérant que les travaux d'assainissement prescrits au sieur Marchand par le Conseil municipal, en vertu de la loi de 1850, consistaient en ouvrages à effectuer sur le sol de la chaussée et dans les ruisseaux qui la bordent, par suite du mauvais état et de la dégradation des lieux;

Que ces ouvrages, inhérents à l'immeuble et prescrits dans l'intérêt de la salubrité des logements dont cette rue est une dépendance, rentraient évidemment, d'après les principes énoncés ci-dessus, dans la catégorie de ceux réservés à la surveillance de la Commission des logements insalubres; qu'ils n'intéressaient pas la salubrité du quartier, et ne présentaient aucun caractère d'urgence, ainsi que le Préfet de Police l'a reconnu en accordant un délai de six mois pour les exécuter ;

Que, dès lors, à aucun titre, le Préfet de Police n'avait qualité, soit pour les prescrire, soit pour autoriser le propriétaire à en différer pendant un certain délai l'exécution,

SONT D'AVIS :

Qu'il y a lieu de vider le conflit dont s'agit et de déterminer à l'avenir les attributions du Conseil municipal de Paris et du Préfet de Police en matière de logements insalubres dans le sens des observations qui précèdent.

Le présent avis a été délibéré et adopté par les sections réunies de l'Intérieur, de l'Instruction publique, des Lettres, Sciences et Beaux-Arts, de l'Agriculture, du Commerce et des Travaux publics, dans la séance du 9 juin 1870.

# SALUBRITÉ.

**Décret relatif à l'organisation du Conseil de Salubrité établi près la Préfecture de Police et à l'institution de Commissions d'Hygiène publique et de Salubrité dans le département de la Seine.**

### 15 *décembre* 1851.

## AU NOM DU PEUPLE FRANÇAIS.

LE PRÉSIDENT DE LA RÉPUBLIQUE,

Sur le rapport du Ministre de l'Agriculture et du Commerce;

Vu l'art. 13 de l'arrêté du chef du pouvoir exécutif, en date du 18 décembre 1848, relatif à l'institution des Conseils de salubrité et d'hygiène publique;

Vu la loi du 13 avril 1850, concernant l'assainissement des logements insalubres;

Vu l'avis du Préfet de Police, en date du 23 janvier 1851;

Le Comité consultatif d'hygiène publique entendu,

DÉCRÈTE:

## ART. 1er.

Le Conseil de salubrité établi près la Préfecture de Police conserve son organisation actuelle; il prendra le titre de *Conseil d'hygiène publique et de salubrité du département de la Seine.*

La nomination des membres du Conseil d'hygiène publique et de salubrité continuera d'être faite par le Préfet de Police, et d'être soumise à l'approbation du ministre de l'Agriculture et du Commerce.

## ART. 2.

Il sera chargé, en cette qualité, et dans tout le ressort de la Préfecture de Police, des attributions déterminées par les articles 9, 10 et 12 de l'arrêté du 18 décembre 1848 (1).

---

(1) *Extrait du titre II de l'arrêté du 18 décembre 1848, concernant l'organisation des Conseils d'hygiène publique et de salubrité.*

### ART. 9.

Les Conseils d'hygiène d'arrondissement sont chargés de l'examen des questions relatives à l'hygiène publique de l'arrondissement, qui leur seront renvoyées par le préfet ou le sous-préfet. Ils peuvent être spécialement consultés sur les objets suivants:

1° L'assainissement des localités et des habitations;

## ART. 3.

Il sera établi dans chacun des arrondissements de la ville de Paris et dans chacun des arrondissements de Sceaux et de Saint-Denis, une Commission d'hygiène et de salubrité, composée de neuf membres, et présidée, à Paris, par le Maire de l'arrondissement, et, dans chacun des arrondissements ruraux, par le Sous-Préfet.

Les membres de ces Commissions seront nommés par le Préfet de Police, sur une liste de trois candidats présentés, pour chaque place, par le maire de

---

2° Les mesures à prendre pour prévenir et combattre les maladies endémiques, épidémiques et transmissibles ;

3° Les épizooties et les maladies des animaux ;

4° La propagation de la vaccine ;

5° L'organisation et la distribution des secours médicaux aux malades indigents ;

6° Les moyens d'améliorer les conditions sanitaires des populations industrielles et agricoles ;

7° La salubrité des ateliers, écoles, hôpitaux, maisons d'aliénés, établissements de bienfaisance, casernes, arsenaux, prisons, dépôts de mendicité, asiles, etc.;

8° Les questions relatives aux enfants trouvés ;

9° La qualité des aliments, boissons, condiments et médicaments livrés au commerce ;

10° L'amélioration des établissements d'eaux minérales appartenant à l'État, aux départements, aux communes et aux particuliers, et les moyens d'en rendre l'usage accessible aux malades pauvres ;

11° Les demandes en autorisation, translation ou révocation des établissements dangereux, insalubres ou incommodes ;

12° Les grands travaux d'utilité publique, construction d'édifices, écoles, prisons, casernes, ports, canaux, réservoirs, fontaines, halles, établissement des marchés, routoirs, égouts, cimetières, la voirie, etc., sous le rapport de l'hygiène publique.

### ART. 10.

Les conseils d'hygiène publique d'arrondissement réuniront et coordonneront les documents relatifs à la mortalité et à ses causes, à la topographie et à la statistique de l'arrondissement, en ce qui touche la salubrité publique.

Ils adresseront régulièrement ces pièces au préfet, qui en transmettra une copie au Ministre du Commerce.

### ART. 12.

Le conseil d'hygiène publique et de salubrité du département aura pour mission de donner son avis:

1° Sur toutes les questions d'hygiène publique qui lui seront renvoyées par le préfet ;

2° Sur les questions communes à plusieurs arrondissements ou relatives au département tout entier.

Il sera chargé de centraliser et coordonner, sur le renvoi du préfet, les travaux des conseils d'arrondissement.

Il fera chaque année au préfet un rapport général sur les travaux des conseils d'arrondissement.

Ce rapport sera immédiatement transmis par le préfet, avec les pièces à l'appui, au Ministre du Commerce.

l'arrondissement, à Paris; par les sous-préfets de Sceaux et de Saint-Denis, dans les arrondissements ruraux.

Les candidats seront choisis parmi les habitants notables de l'arrondissement. Dans chaque Commission, il y aura toujours deux médecins au moins, un pharmacien, un vétérinaire reçu dans les écoles spéciales, un architecte, un ingénieur. S'il n'y a pas de candidats dans ces trois dernières professions, les choix devront porter de préférence sur les mécaniciens, directeurs d'usines ou de manufactures.

Les membres des Commissions d'hygiène publique du département de la Seine sont nommés pour six ans, et renouvelés par tiers tous les ans. Les membres sortants peuvent être réélus.

Il sera établi pour les trois communes de Saint-Cloud, Sèvres et Meudon, annexées au ressort de la Préfecture de Police, par l'arrêté du 3 brumaire an IX, une Commission centrale d'hygiène et de salubrité, qui sera présidée par le plus âgé des maires de ces communes, et dont le siége sera au lieu de la résidence du président. Toutes les dispositions qui précèdent seront, du reste, applicables à cette Commission.

## ART. 4.

La Commission dont il est question au dernier paragraphe de l'article précédent, et chacune des Commissions d'hygiène d'arrondissement éliront un vice-président et un secrétaire qui seront renouvelés tous les deux ans.

Le Préfet de Police pourra, lorsqu'il le jugera utile, déléguer un des membres du Conseil d'hygiène publique du département auprès de chacune desdites Commissions pour prendre part à ses délibérations avec voix consultative.

## ART. 5.

Les Commissions d'hygiène publique et de salubrité se réuniront, au moins une fois par mois, à la mairie ou au chef-lieu de la sous-préfecture ou, pour ce qui concerne la Commission centrale des communes de Saint-Cloud, Sèvres et Meudon, à la mairie de la résidence de son président, et elles seront convoquées extraordinairement toutes les fois que l'exigeront les besoins du service.

## ART. 6.

Les Commissions d'hygiène recueillent toutes les informations qui peuvent intéresser la santé publique dans l'étendue de leur circonscription.

Elles appellent l'attention du Préfet de Police sur les causes d'insalubrité qui peuvent exister dans leurs arrondissements respectifs, et elles donnent leur avis sur les moyens de les faire disparaître.

Elles peuvent être consultées, d'après l'avis du Conseil d'hygiène publique et de salubrité du département, sur les mesures et dans les cas déterminés par l'art. 9 de l'arrêté du gouvernement du 18 décembre 1848.

Elles concourent à l'exécution de la loi du 13 avril 1850, relative à l'assainissement des logements insalubres, soit en provoquant, lorsqu'il y a lieu, dans les arrondissements ruraux, la nomination des Commissions spéciales qui peuvent être créées par les conseils municipaux, en vertu de l'art. 1er de ladite loi, soit en signalant aux Commissions déjà instituées les logements dont elles auraient reconnu l'insalubrité.

En cas de maladies épidémiques, elles seront appelées à prendre part à l'exécution des mesures extraordinaires qui peuvent être ordonnées pour combattre les maladies, ou pour procurer de prompts secours aux personnes qui en seraient atteintes.

## Art. 7.

Les Commissions d'hygiène publique et de salubrité réuniront les documents relatifs à la mortalité et à ses causes, à la topographie et à la statistique de l'arrondissement, en ce qui concerne la salubrité.

Ces documents seront transmis au Préfet de Police et communiqués au Conseil d'hygiène publique, qui est chargé de les coordonner, de les faire compléter, s'il y a lieu, et de les résumer dans des rapports dont la forme et le mode de publication seront ultérieurement déterminés.

## Art. 8.

Le Conseil d'hygiène et de salubrité du département de la Seine fera, chaque année, sur l'ensemble de ses travaux et sur l'ensemble des travaux des Commissions d'arrondissement, un rapport général qui sera transmis par le Préfet de Police au Ministre de l'Agriculture et du Commerce.

## Art. 9.

Le Ministre de l'Agriculture et du Commerce est chargé de l'exécution du présent décret.

Fait à l'Élysée-National, le 15 décembre 1851.

LOUIS-NAPOLÉON BONAPARTE.

Par le Président :

*Le Ministre de l'Agriculture et du Commerce,*
LEFEBVRE-DURUFLÉ.

**Ordonnance de Police concernant la salubrité des habitations.**

23 *novembre* 1853.

NOUS, PRÉFET DE POLICE,

Considérant que la salubrité des habitations est une des conditions les plus essentielles de la santé publique ;

Considérant que les importants travaux exécutés pour l'assainissement du sol de Paris doivent trouver leur complément dans les mesures de salubrité applicables dans les maisons mêmes ;

Qu'il ne suffirait pas, en effet, d'avoir établi à grands frais un vaste système d'égouts et de distribution d'eau pour le lavage des rues ; d'avoir, par de nombreux percements, facilité la circulation de l'air dans les divers quartiers de la ville, si des mesures analogues et non moins importantes pour la santé publique n'étaient étendues à chaque maison, et plus spécialement à celles qui sont occupées par la population ouvrière ;

En vertu des lois des 14 décembre 1789 (art. 50), 16-24 août 1790, et de l'arrêté du Gouvernement du 12 messidor an VIII ;

Vu : 1° l'art. 471, § 15, du Code pénal ;

2° L'ordonnance de police du 20 novembre 1848 sur la salubrité des habitations ;

3° La loi du 13 avril 1850 sur l'assainissement des logements insalubres ;

4° L'avis du conseil d'hygiène publique et de salubrité du département de la Seine ;

ORDONNONS CE QUI SUIT :

### ART. 1er.

Les maisons doivent être tenues, tant à l'intérieur qu'à l'extérieur, dans un état constant de propreté.

### ART. 2.

Les maisons devront être pourvues de tuyaux et cuvettes, en nombre suffisant pour l'écoulement et la conduite des eaux ménagères. Ces tuyaux et cuvettes seront constamment en bon état ; ils seront lavés et nettoyés assez fréquemment pour ne jamais donner d'odeur.

### ART. 3.

Les eaux ménagères devront avoir un écoulement constant et facile jusqu'à la voie publique, de manière qu'elles ne puissent séjourner ni dans les cours ni dans les allées ; les gargouilles, caniveaux, ruisseaux, destinés à l'écoulement de ces eaux seront lavés plusieurs fois par jour et entretenus avec soin. Dans le cas où la disposition du terrain ne permettrait pas de donner un écoulement aux eaux sur la rue ou dans un égout, elles seront reçues dans des puisards, pour la construction desquels on se conformera aux dispositions de l'ordonnance de police du 20 juillet 1838 (1).

## ART. 4.

Les cabinets d'aisances seront disposés et ventilés de manière à ne pas donner d'odeur. Le sol devra être imperméable et tenu dans un état constant de propreté. Les tuyaux de chute seront maintenus en bon état et ne devront donner lieu à aucune fuite (2).

## ART. 5.

Il est défendu de jeter ou de déposer dans les cours, allées et passages, aucune matière pouvant entretenir l'humidité ou donner de mauvaises odeurs.

Partout où les fumiers ne pourront être conservés dans des trous couverts ou sur des points où ils ne compromettraient pas la salubrité, l'enlèvement en sera opéré chaque jour avec les précautions prescrites par les règlements.

Le sol des écuries devra être rendu imperméable dans la partie qui reçoit les urines ; les écuries devront être tenues avec la plus grande propreté ; les ruisseaux destinés à l'écoulement des urines seront lavés plusieurs fois par jour.

## ART. 6.

Indépendamment des dispositions prescrites par les articles qui précèdent, il sera pris à l'égard des habitations, *et notamment de celles qui sont louées en garni,* telles autres mesures spéciales qui seraient jugées nécessaires dans l'intérêt de la salubrité et de la santé publique.

Il est d'ailleurs expressément recommandé de se conformer à l'instruction du conseil de salubrité annexée à la présente ordonnance.

(1) Le Préfet de Police croit devoir rappeler au public qu'en vertu de l'art. 6 du décret du 26 mars 1852 sur la grande voirie de Paris, toute construction nouvelle dans une rue pourvue d'égouts, doit être disposée de manière à y conduire les eaux pluviales et ménagères.

La même disposition doit être prise pour toute maison ancienne, en cas de grosses réparations, et, en tout cas, avant dix ans.

(2) Tout cabinet d'aisances sera clos et couvert, clair et aéré. L'emplacement aura des dimensions qui permettent de s'y mouvoir aisément. Le sol sera imperméable et disposé de manière que les liquides aient leur écoulement dans la fosse. Le siége sera à lunette, dans les conditions d'usage, avec fermeture hermétique.

Tout urinoir doit écouler directement ses liquides dans une fosse d'aisances, ou être pourvu d'un mode de lavage permanent à l'aide d'un filet d'eau à jet continu.

## Art. 7.

Les ordonnances de police des 23 octobre 1819, 5 juin 1834, 12 décembre 1849, 8 novembre 1851, 3 décembre 1829, 27 mai 1845, 27 février 1838, 20 juillet 1838, 31 mai 1842, 5 novembre 1846 et 1er septembre 1853, concernant les fosses d'aisances, les animaux élevés dans les habitations, les vacheries, les puits et puisards, l'éclairage par le gaz dans l'intérieur des habitations, le balayage et la propreté de la voie publique, et tous autres règlements intéressant la salubrité, continueront de recevoir leur exécution dans celles de leurs dispositions qui ne sont pas contraires à la présente ordonnance.

## Art. 8.

L'ordonnance de police précitée du 20 novembre 1848 est rapportée.

## Art. 9.

Les contraventions aux dispositions qui précèdent seront déférées aux tribunaux compétents, sans préjudice des mesures administratives qu'il y aurait lieu de prendre suivant le cas.

## Art. 10.

Les Commissaires de police de Paris, le Chef de la police municipale, les Officiers de paix, l'Inspecteur général de la Salubrité et les autres préposés de la Préfecture de Police sont chargés, chacun en ce qui le concerne, de l'exécution de la présente ordonnance qui sera imprimée et affichée dans Paris.

*Le Préfet de Police,*
PIÉTRI.

### Instruction concernant les moyens d'assurer la salubrité des habitations.

10 *novembre* 1848.

*Causes de l'insalubrité des habitations.* — La salubrité d'une habitation dépend en grande partie de la pureté de l'air qu'on y respire. Tout ce qui vicie l'air doit donc exercer une influence fâcheuse sur la santé des habitants.

L'air des habitations est principalement vicié par les causes suivantes: le séjour de l'homme et des animaux, la combustion des différentes matières employées au chauffage et à l'éclairage, les fuites de gaz, la stagnation et la décomposition des urines, des eaux ménagères, des immondices de toutes sortes, etc.

*Effets de l'air vicié.* — Les effets produits par l'altération de l'air des habitations sont toujours graves. Tantôt ils consistent en accidents subits qui, comme l'*asphyxie*, peuvent mettre rapidement la vie en danger; tantôt ils se manifestent par des maladies aiguës, meurtrières; tantôt enfin, se développant avec lenteur, et par cela même excitant moins de défiance, ils ne deviennent apparents qu'après avoir jeté de profondes racines et miné sourdement la constitution. L'*étiolement*, surtout les *maladies scrofuleuses*, appartiennent à ce dernier ordre d'effets. Enfin, c'est dans les habitations dont l'air est insalubre que naissent et sévissent avec plus d'intensité certaines épidémies dont les ravages s'étendent ensuite sur des cités entières.

Notons ici que l'insalubrité peut exister aussi bien dans certaines parties des habitations les plus brillantes que dans les plus humbles demeures, et que, d'un autre côté, les plus humbles demeures peuvent offrir les meilleures conditions de salubrité.

*Caractères que doit présenter l'air des habitations.* — L'air des habitations doit être exempt de mauvaise odeur, aussi bien que celui des cours et des rues voisines; il ne faut pas oublier, d'ailleurs, que le facile renouvellement de l'air est une condition essentielle de salubrité.

MOYENS D'ASSURER LA SALUBRITÉ DES HABITATIONS.

Ces résultats ne peuvent être obtenus que de la manière suivante :

*Balayage.* — Il faut balayer fréquemment, non-seulement les pièces habitées, mais encore les escaliers, corridors, cours et passages, en ayant soin de gratter les dépôts de terre et immondices qui résistent à l'action du balai.

*Lavage du sol.* — Les parties carrelées, dallées ou pavées doivent être, en outre, lavées d'autant plus souvent, que l'écoulement des eaux et l'accès de l'air extérieur seront plus faciles; les planchers et les escaliers en bois doivent être essuyés après le lavage. Le lavage, lorsqu'il entraîne à sa suite un état permanent d'humidité, est plus nuisible qu'avantageux.

Le plus ordinairement l'eau suffit pour ces lavages; mais, dans les circonstances d'infection et de malpropreté invétérées, il faut ajouter à l'eau environ *un pour cent* de son volume d'eau de Javel (1).

*Peinture et lavage des murs.* — Quand les chambres d'habitation sont peintes à l'huile, on doit les laver de temps à autre, afin d'enlever la couche de matières organiques qui s'y déposent et s'y accumulent à la longue.

La peinture à l'huile des façades des maisons, des murs des allées, des cours, des escaliers, des corridors, des paliers et même des chambres est très-favorable à la salubrité. Cette peinture, qui s'oppose à la pénétration des murs par les matières organiques, assure en même temps leur durée; elle permet, en outre, les lavages dont il est parlé dans le paragraphe qui précède.

*Grattage.* — Dans le cas de peinture à la chaux, il convient d'en opérer tous les ans le grattage, et d'appliquer une nouvelle couche de peinture.

*Papiers de tenture.* — Pour ce qui est des chambres ornées de papiers de tenture, il est convenable, quand on les répare, d'arracher complétement le papier ancien, de gratter et reboucher les murs avant d'appliquer le papier nouveau.

*Chambres à coucher dans les maisons particulières.* — Il est important que le nombre de lits placés dans les chambres à coucher soit proportionné à la dimension de ces chambres, de telle sorte qu'il y ait au moins 14 mètres cubes par personne, indépendamment des moyens de ventilation.

*Aération.* — Les cheminées concourent aussi efficacement que les fenêtres au renouvellement de l'air des habitations. Elles sont mêmes indispensables dans les maisons simples en profondeur et qui n'ont d'ouverture que d'un

(1) A défaut d'eau de Javel, on peut employer le chlorure de soude (*hypochlorite de soude*) préparé, soit en faisant passer du chlore dans une solution de soude à 8 ou 9°, soit en mélangeant un kilogramme de chlorure de chaux délayé dans 15 litres d'eau avec un kilogramme de sel de soude (*carbonate de soude*) dissous dans 5 litres d'eau: ce mélange liquide déposé donne une solution claire qu'on peut employer comme nous l'avons dit pour l'eau de Javel.

Dans ces circonstances, les chlorures ou hypochlorites alcalins sont préférables au chlorure de chaux, car celui-ci laisse un composé très-hygroscopique (*chlorure de calcium*) qui, à la longue, entretiendrait dans les murs, carrelages, planchers, etc. une humidité permanente contraire à la salubrité.

seul côté. Les chambres où l'on couche devraient toujours en être pourvues, et il faut, pendant la saison chaude, s'abstenir de les boucher, surtout la nuit.

L'ouverture des fenêtres après le lever, les lits étant découverts, et pendant le balayage, est une bonne mesure de salubrité.

*Produit gazeux de la combustion.* — Les combustibles destinés à la cuisson des aliments ou au chauffage, doivent être brûlés dans des appareils communiquant librement avec l'air extérieur, tels que cheminées, poêles, fourneaux munis d'une hotte, etc. Cette recommandation est surtout faite en vue des combustibles qui, tels que le *coke* et la *braise*, ne donnant pas de fumée, sont considérés à tort par beaucoup de personnes comme pouvant être impunément brûlés à découvert dans une chambre habitée. Ce préjugé a été la cause de graves accidents souvent suivis de mort ; il en est de même de la pratique toujours dangereuse de fermer complétement la clef d'un poêle ou la trappe intérieure d'une cheminée contenant de la braise enflammée, dans le but de conserver la chaleur dans la pièce. On ne doit pas oublier, en effet, que la braise, pendant tout le temps qu'elle brûle, fournit une grande quantité de gaz asphyxiants.

*Eaux ménagères.* — Il est très-important de ne pas laisser accumuler les eaux ménagères dans l'intérieur des habitations, particulièrement pendant la saison chaude.

Les cuvettes destinées à l'écoulement de ces eaux doivent être garnies de *hausses*, ou disposées de telle sorte, que les eaux projetées à l'intérieur ne puissent jaillir au dehors.

Il faut bien se garder de refouler à travers les ouvertures de la grille qui se trouve au fond des cuvettes les fragments solides dont l'accumulation ne tarderait pas à produire l'engorgement des tuyaux.

Quand les tuyaux sont extérieurs, il convient de s'abstenir, pendant les gelées, d'y verser les eaux ménagères; l'engorgement, et quelquefois même la rupture de ces tuyaux, pourraient en être la conséquence.

Enfin, lorsque l'orifice de l'un de ces tuyaux aboutit à une pierre d'évier placée dans une chambre ou dans une cuisine, on doit le tenir soigneusement fermé par un tampon ou par un siphon.

Il y a toujours avantage à diriger les eaux pluviales dans les tuyaux de descente de manière à les laver.

Dans tous les cas, lorsqu'ils exhalent une mauvaise odeur, on doit les désinfecter avec de l'eau contenant au moins *un pour cent* d'eau de Javel.

Une des pratiques les plus fâcheuses dans les usages domestiques, c'est celle de vider les urines dans les plombs d'écoulement des eaux ménagères. Il serait à désirer que cette habitude cessât partout où elle existe.

*Ruisseaux.* — Les ruisseaux des cours et passages qui reçoivent les eaux ménagères et les conduisent à ceux de la rue, doivent être exécutés en pavés, pierre ou fonte, suivant les dispositions locales. Les joints doivent être faits avec soin, et les pentes régulières, de manière à permettre des lavages faciles et à empêcher toute stagnation d'eau.

*Cabinets d'aisances.* — La ventilation des cabinets d'aisances est d'une importance majeure. Quand ils sont étroits et mal aérés, l'odeur qui s'en exhale, surtout à certaines époques de l'année, peut donner lieu aux accidents les plus fâcheux. Il est toujours possible de prévenir ces accidents et de ventiler complétement ces cabinets, par des ouvertures ou par un tuyau d'évent convenablement disposés.

Lu et adopté dans la séance du Conseil de salubrité, du 10 novembre 1848.

*Le Vice-Président,*     *Le Secrétaire,*

GUÉRARD.       DEVERGIE

### Extraits de la Coutume de Paris (1).

(Art. 193, 217–218.)

*Privés suffisants dans les maisons.*

#### ART. 193.

Tous propriétaires de maisons en la ville et fauxbourgs de Paris sont tenus avoir latrines et privés suffisants en léurs maisons (2).

#### ART. 217.

Nul ne peut faire fossé à eau ou cloaque, s'il n'y a six pieds de distance en tout sens des murs appartenant au voisin ou mitoyens.

*Nota.* Il faut en dire de même des fosses ou trous où on laisse pourrir le fumier.

#### ART. 218.

Nul ne peut mettre vidanges de fosses de privés dans la ville.

---

(1) Voir l'édition, avec note, par de Laurière, avocat au Parlement, Paris, chez Saugrain, 1698, pages 237, 251, 252.

*Idem.* Nouveau Coutumier général de France. Claude Robustel, Paris, 1724.— Coutumes générales de la prévosté et vicomté de Paris, accordées en l'assemblée des gens des trois états desd. ville, prévosté et vicomté, le 27e jour de mars de l'an 1510, avant Pâques, en exécution des lettres patentes de Louis XII, du 21 janvier précédent.

(2) L'obligation d'établir des fosses d'aisances, imposée par la coutume de Paris, a été confirmée par des arrêts du Parlement de Paris, en date des 14 mars 1523, 4 mars 1524, 13 septembre 1533 et 30 avril 1663, et par l'édit de François 1er sur le nettoiement de Paris, du mois de novembre 1539, confirmé par lettres patentes de Henri II, du 9 septembre 1550. En vertu de cet édit, les Lieutenants de Police furent autorisés à prendre des ordonnances particulières développant cette prescription de principe. (Voir *Dictionnaire de la Voirie*, par PERROT.)

**Ordonnance de police qui enjoint aux propriétaires de maisons dans lesquelles il n'y a point de latrines, d'en faire construire, et qui règle la manière dont elles seront construites.**

*24 septembre 1668.*

De par le Roy, M. le prévôt de Paris ou son lieutenant de police,

Sur ce qui nous a été représenté par le procureur du Roy, qu'en exécution des ordres par nous donnés aux commissaires du Châtelet, pour la visite des maisons de cette ville et des fauxbourgs, afin de reconnoître l'état auquel les propriétaires et locataires desdittes maisons les tenoient, et s'ils y observoient les ordonnances et règlements de police ; lesdits commissaires dans la visite qu'ils ont faite des quartiers les plus réservés et les plus habités de la ville et des fauxbourgs, auroient entre autres choses observé qu'en la pluspart des quartiers les propriétaires desdittes maisons se sont dispensés d'y *faire des fosses* ou latrines, quoiqu'ils ayent logé dans aucune desdittes maisons jusques à vingt et vingt-cinq familles différentes, ce qui causoit en la pluspart de si grandes puanteurs qu'il y avoit lieu d'en craindre des inconvénients fascheux, et surtout en des temps suspects ; non seulement il estoit nécessaire pour maintenir la pureté de l'air et la santé des habitants, de continuer à faire tenir les rües nettes, mais encore de veiller aussy soigneusement à ce qu'il n'y ait aucune saleté au dedans des maisons, principalement dans les quartiers les plus peuplés où la maladie contagieuse a toujours commencé à se manifester toutes les fois que la ville en a été affligée ; c'est pourquoy, attendu que ledit *deffaut de latrines* étoit la principale cause de ces saletés et puanteurs qui rendent lesdittes maisons infectes, et qui sont capables de corrompre l'air,

Requéroit, comme l'abus s'est reconnu presque général, qu'il fût par nous ordonné et *enjoint*, sous les peines que nous aviserions, *à tous propriétaires* des maisons de cette ville et fauxbourgs, *de faire des fosses et latrines, autant qu'il en seroit nécessaire*, eu égard à l'estendüe et grandeur d'icelles ;

Nous, faisant droit sur ledit réquisitoire, ordonnons à tous propriétaires de maisons sises dans la ville et fauxbourgs de Paris dans lesquelles il n'y a aucunes latrines ou fosses à privés suffisantes d'en faire construire dans chacune d'icelles, et ce dans un mois, pour tout délay, du jour de la publication des présentes, à peine de 200 livres d'amende contre chacun des contrevenants, pour le payement de laquelle ensemble pour ce qu'il conviendra dispenser pour la *confection* desdittes *fosses et latrines, seront* et demeureront les *loyers* desdittes maisons saisis, jusques à ce qu'il y ait été satisfait ; et pour d'autant plus éviter l'infection et puanteur au dedans desdittes maisons, et en garantir celles qui seront voisines, enjoignons tant auxdits proprié-

taires qui feront faire lesdittes latrines et privez qu'aux massons qui les cons-
truiront de *faire* un *contremur* suffisant le long des tuyaux d'icelles, depuis
le plus haut siége jusqu'à la fosse, si mieux ils n'aiment isoler lesdits tuyaux
et laisser un espace vuide de trois pouces entre le mur mitoyen et lesdits
tuyaux ; comme aussy leur enjoignons de *faire* des *ventouses* qui seront *conduites* jusques *au dessus des combles* des maisons où elles seront faites ; le
tout sous les peines portées par la présente ordonnance, laquelle, à cette fin,
sera exécutée nonobstant oppositions ou appellations quelconques et sans préjudice d'icelles ; lüe, publiée et affichée dans les carrefours, places publiques
et autres lieux, que besoin sera, de la ville et fauxbourgs, afin que personne
n'en prétende cause d'ignorance.

Ce fut fait et donné par messire Gabriel-Nicolas de la Reynie, conseiller
du Roy en ses conseils d'État et privé, maître des requestes ordinaires de son
hôtel et lieutenant de la ville, prévôté et vicomté de Paris, le vingt-quatrième
jour du mois de septembre seize cent soixante-huit.

                                            DE LA REYNIE.

### Ordonnance royale qui détermine le mode de construction des fosses d'aisances dans la Ville de Paris.

24 *septembre* 1819.

LOUIS, par la grâce de Dieu, Roi de France et de Navarre, à tous ceux qui ces présentes verront, salut.

Sur le rapport de notre Ministre de l'Intérieur;

Vu les observations du Préfet de Police sur la nécessité de modifier les règlements concernant la construction des fosses d'aisances dans notre bonne Ville de Paris ;

Notre Conseil d'État entendu,

NOUS AVONS ORDONNÉ ET ORDONNONS ce qui suit :

#### SECTION Iʳᵉ.

*Des constructions neuves.*

#### ART. 1ᵉʳ.

A l'avenir, dans aucun des bâtiments publics ou particuliers de notre bonne Ville de Paris et de leurs dépendances, on ne pourra employer, pour fosses d'aisances, des puits, puisards, égouts, aqueducs ou carrières abandonnés, sans y faire les constructions prescrites par le présent règlement.

#### ART. 2.

Lorsque les fosses seront placées sous le sol des caves, ces caves devront avoir une communication immédiate avec l'air extérieur.

#### ART. 3.

Les caves sous lesquelles seront construites les fosses d'aisances devront être assez spacieuses pour contenir quatre travailleurs et leurs ustensiles, et avoir au moins deux mètres de hauteur sous voûte.

#### ART. 4.

Les murs, la voûte et le fond des fosses seront entièrement construits en pierres meulières, maçonnées avec du mortier de chaux maigre et de sable de rivière bien lavé.

Les parois des fosses seront enduites de pareil mortier, lissé à la truelle.

On ne pourra donner moins de trente à trente-cinq centimètres d'épaisseur aux voûtes, et moins de quarante-cinq ou cinquante centimètres aux massifs et aux murs.

## ART. 5.

Il est défendu d'établir des compartiments ou divisions dans les fosses, d'y construire des piliers, et d'y faire des chaînes ou des arcs en pierres apparentes.

## ART. 6.

Le fond des fosses d'aisances sera fait en forme de cuvette concave.

Tous les angles intérieurs seront effacés par des arrondissements de vingt-cinq centimètres de rayon.

## ART. 7.

Autant que les localités le permettront, les fosses d'aisances seront construites sur un plan circulaire, elliptique ou rectangulaire.

On ne permettra point la construction de fosses à angle rentrant, hors le seul cas où la surface de la fosse serait au moins de quatre mètres carrés de chaque côté de l'angle; et alors il serait pratiqué, de l'un et de l'autre côté, une ouverture d'extraction.

## ART. 8.

Les fosses, quelle que soit leur capacité, ne pourront avoir moins de deux mètres de hauteur sous clef.

## ART. 9.

Les fosses seront couvertes par une voûte en plein cintre, ou qui n'en différera que d'un tiers de rayon.

## ART. 10.

L'ouverture d'extraction des matières sera placée au milieu de la voûte, autant que les localités le permettront.

La cheminée de cette ouverture ne devra point excéder un mètre cinquante centimètres de hauteur, à moins que les localités n'exigent impérieusement une plus grande hauteur.

## ART. 11.

L'ouverture d'extraction correspondant à une cheminée d'un mètre cinquante centimètres au plus de hauteur ne pourra avoir moins d'un mètre en longueur sur soixante-cinq centimètres en largeur.

Lorsque cette ouverture correspondra à une cheminée excédant un mètre cinquante centimètres de hauteur, les dimensions ci-dessus spécifiées seront augmentées de manière que l'une de ces dimensions soit égale aux deux tiers de la hauteur de la cheminée.

### Art. 12.

Il sera placé, en outre, à la voûte, dans la partie la plus éloignée du tuyau de chute et de l'ouverture d'extraction, si elle n'est pas dans le milieu, un tampon mobile, dont le diamètre ne pourra être moindre de cinquante centimètres. Ce tampon sera en pierre, encastré dans un châssis en pierre, et garni, dans son milieu, d'un anneau en fer.

### Art. 13.

Néanmoins ce tampon ne sera pas exigible pour les fosses dont la vidange se fera au niveau du rez-de-chaussée, et qui auront, sur ce même sol, des cabinets d'aisances avec trémie ou siége sans bonde, et pour celles qui auront une superficie moindre de six mètres dans le fond, et dont l'ouverture d'extraction sera dans le milieu.

### Art. 14.

Le tuyau de chute sera toujours vertical.

Son diamètre intérieur ne pourra avoir moins de vingt-cinq centimètres s'il est en terre cuite, et de vingt centimètres s'il est en fonte.

### Art. 15.

Il sera établi, parallèlement au tuyau de chute, un tuyau d'évent, lequel sera conduit jusqu'à la hauteur des souches de cheminée de la maison, ou de celles des maisons contiguës, si elles sont plus élevées.

Le diamètre de ce tuyau d'évent sera de vingt-cinq centimètres au moins; s'il passe cette dimension, il dispensera du tampon mobile.

### Art. 16.

L'orifice intérieur des tuyaux de chute et d'évent ne pourra être descendu au-dessous des points les plus élevés de l'intrados de la voûte.

## SECTION II.

*Des reconstructions de fosses d'aisances dans les maisons existantes.*

### ART. 17.

Les fosses actuellement pratiquées dans des puits, puisards, égouts anciens, aqueducs ou carrières abandonnés, seront comblées ou reconstruites à la première vidange.

### ART. 18.

Les fosses situées sous le sol des caves, qui n'auraient point communication immédiate avec l'air extérieur, seront comblées à la première vidange, si l'on ne peut pas établir cette communication.

### ART. 19.

Les fosses actuellement existantes dont l'ouverture d'extraction, dans les deux cas déterminés par l'art. 11, n'aurait pas et ne pourrait avoir les dimensions prescrites par le même article, celles dont la vidange ne peut avoir lieu que par des soupiraux ou des tuyaux, seront comblées à la première vidange.

### ART. 20.

Les fosses à compartiments ou étranglements seront comblées ou reconstruites à la première vidange, si l'on ne peut pas faire disparaître ces étranglements ou compartiments, et qu'ils soient reconnus dangereux.

### ART. 21.

Toutes les fosses des maisons existantes, qui seront reconstruites, le seront suivant le mode prescrit par la 1re section du présent règlement.

Néanmoins, le tuyau d'évent ne pourra être exigé que s'il y a lieu à reconstruire un des murs en élévation au-dessus de ceux de la fosse, ou si ce tuyau peut se placer intérieurement ou extérieurement, sans altérer la décoration des maisons.

## SECTION III.

*Des réparations des fosses d'aisances.*

### ART. 22.

Dans toutes les fosses existantes, et lors de la première vidange, l'ouverture d'extraction sera agrandie, si elle n'a pas les dimensions prescrites par l'art. 11 de la présente ordonnance.

## ART. 23.

Dans toutes les fosses dont la voûte aura besoin de réparations, il sera établi un tampon mobile, à moins qu'elles ne se trouvent dans les cas d'exception prévus par l'art. 13.

## ART. 24.

Les piliers isolés, établis dans les fosses, seront supprimés à la première vidange, ou l'intervalle entre les piliers et les murs sera rempli en maçonnerie, toutes les fois que le passage entre ces piliers et les murs aura moins de soixante et dix centimètres de largeur.

## ART. 25.

Les étranglements existant dans les fosses, et qui ne laisseraient pas un passage de soixante et dix centimètres au moins de largeur, seront élargis à la première vidange, autant qu'il sera possible.

## ART. 26.

Lorsque le tuyau de chute ne communiquera avec la fosse que par un couloir ayant moins d'un mètre de largeur, le fond de ce couloir sera établi en glacis jusqu'au fond de la fosse, sous une inclinaison de quarante-cinq degrés au moins.

## ART. 27.

Toute fosse qui laisserait filtrer ses eaux par les murs ou par le fond sera réparée.

## ART. 28.

Les réparations consistant à faire des rejointoiements, à élargir l'ouverture d'extraction, placer un tampon mobile, rétablir des tuyaux de chute ou d'évent, reprendre la voûte et les murs, boucher ou élargir des étranglements, réparer le fond des fosses, supprimer des piliers, pourront être faites suivant les procédés employés à la construction première de la fosse.

## ART. 29.

Les réparations consistant dans la reconstruction entière d'un mur de la voûte ou du massif du fond des fosses d'aisances, ne pourront être faites que suivant le mode indiqué ci-dessus pour les constructions neuves.

3

## ART. 30.

Les propriétaires des maisons dont les fosses seront supprimées en vertu de la présente ordonnance seront tenus d'en faire construire de nouvelles, conformément aux dispositions prescrites par les articles de la 1re section.

## ART. 31.

Ne seront pas astreints aux constructions ci-dessus déterminées, les propriétaires qui, en supprimant leurs anciennes fosses, y substitueront les appareils connus sous le nom de *fosses mobiles inodores*, ou tous autres appareils que l'administration publique aurait reconnus par la suite pouvoir être employés concurremment avec ceux-ci.

## ART. 32.

En cas de contravention aux dispositions de la présente ordonnance, ou d'opposition de la part des propriétaires aux mesures prescrites par l'administration, il sera procédé, dans les formes voulues, devant le tribunal de police ou le tribunal civil, suivant la nature de l'affaire.

## ART. 33.

Le décret du 10 mars 1809, concernant les fosses d'aisances dans Paris, est et demeure annulé.

## ART. 34.

Notre Ministre Secrétaire d'État de l'Intérieur, et notre Garde des Sceaux, Ministre de la Justice, sont chargés de l'exécution de la présente ordonance.

Donné en notre château des Tuileries, le 24 septembre, l'an de grâce 1819, et de notre règne le vingt-cinquième.

*Signé* : LOUIS.

Par le Roi :

*Le Ministre Secrétaire d'État au département de l'Intérieur,*
*Signé* : Comte DECAZES.

**Ordonnance concernant les fosses d'aisances et le service de la vidange, dans les communes rurales du ressort de la préfecture de police.**

1er *décembre* 1853.

Nous, Préfet de Police,

Vu les renseignements transmis à notre administration par les Maires des communes rurales du ressort de la Préfecture de Police, touchant les divers systèmes de fosses d'aisances et les procédés de vidange en usage dans leurs communes respectives ;

Ensemble les observations de plusieurs de ces fonctionnaires, sur la nécessité d'un règlement général concernant la construction des fosses d'aisances et le service de la vidange dans toutes les communes soumises à notre juridiction ;

Considérant qu'il importe de prescrire les mesures nécessaires pour prévenir les causes d'insalubrité résultant d'une mauvaise construction des fosses d'aisances, dans lesdites communes, et les dangers de la vidange de ces fosses opérée par des personnes étrangères à ce genre d'industrie ou dépourvues des moyens d'exploitation suffisants;

En vertu des arrêtés du Gouvernement des 12 messidor an VIII et 3 brumaire an IX (1er juillet et 25 octobre 1800) ;

Ordonnons ce qui suit :

## TITRE Ier.

### DISPOSITIONS GÉNÉRALES.

### Art. 1er.

Dans les communes rurales du ressort de la Préfecture de Police, toute maison habitée devra être pourvue de privés en nombre suffisant.

Ces privés seront desservis, sauf les exceptions prévues ci-après, soit par des fosses en maçonnerie construites dans les conditions indiquées au titre II de la présente ordonnance, soit par des appareils de fosses mobiles inodores ou tous autres appareils que le Préfet de Police aurait reconnu pouvoir être employés concurremment avec ceux-ci.

## TITRE II.

### DE LA CONSTRUCTION DES FOSSES D'AISANCES.

#### SECTION I<sup>re</sup>. — *Des constructions neuves.*

##### ART. 2.

Dans aucun des bâtiments publics ou particuliers des communes rurales du ressort de la Préfecture de Police, on ne pourra employer, pour fosses d'aisances, des puits, puisards, égouts, aqueducs ou carrières abandonnés, sans y faire les constructions prescrites par le présent règlement.

##### ART. 3.

Lorsque les fosses seront placées sous le sol des caves, ces caves devront avoir une communication immédiate avec l'air extérieur.

##### ART. 4.

Les caves et autres locaux où se trouveront les ouvertures d'extraction des fosses devront être assez spacieux pour contenir quatre travailleurs et leurs ustensiles, et avoir au moins deux mètres de hauteur.

##### ART. 5.

Les murs, la voûte et le fond des fosses seront entièrement construits en pierres meulières, maçonnées avec du mortier de chaux maigre et de sable de rivière bien lavé.

Les parois des fosses seront enduites de pareil mortier lissé à la truelle.

On ne pourra donner moins de trente à trente-cinq centimètres d'épaisseur aux voûtes, et moins de quarante-cinq à cinquante centimètres aux massifs et aux murs.

##### ART. 6.

Il est défendu d'établir des compartiments ou divisions dans les fosses, d'y construire des piliers, et d'y faire des chaînes ou des arcs en pierres apparentes.

Cette défense n'est pas applicable aux séparations qui pourraient être autorisées dans l'intérêt de la salubrité.

## Art. 7.

Le fond des fosses d'aisances sera fait en forme de cuvette concave.

Tous les angles intérieurs seront effacés par des arrondissements de vingt-cinq centimètres de rayon.

## Art. 8.

Autant que les localités le permettront, les fosses d'aisances seront construites sur un plan circulaire, elliptique ou rectangulaire.

Est interdite toute construction de fosses à angles rentrants, hors le seul cas où la surface de la fosse serait au moins de quatre mètres carrés de chaque côté de l'angle, et, alors, il serait pratiqué, de l'un et de l'autre côté, une ouverture d'extraction.

## Art. 9.

Les fosses, quelle que soit leur capacité, ne pourront avoir moins de deux mètres de hauteur sous clef.

## Art. 10.

Les fosses seront couvertes par une voûte en plein cintre, ou qui n'en différera que d'un tiers de rayon.

## Art. 11.

L'ouverture d'extraction des matières sera placée au milieu de la voûte, autant que les localités le permettront.

La cheminée de cette ouverture ne devra point excéder un mètre cinquante centimètres de hauteur, à moins que les localités n'exigent impérieusement une plus grande hauteur.

## Art. 12.

L'ouverture d'extraction correspondant à une cheminée, d'un mètre cinquante centimètres au plus de hauteur, ne pourra avoir moins d'un mètre de longueur sur soixante-cinq centimètres en largeur.

Lorsque cette ouverture correspondra à une cheminée excédant un mètre cinquante centimètres de hauteur, les dimensions ci-dessus spécifiées seront augmentées de manière que l'une de ces dimensions soit égale aux deux tiers de la hauteur de la cheminée.

## ART. 13.

Il sera placé en outre à la voûte, dans la partie la plus éloignée du tuyau de chute et de l'ouverture d'extraction, si elle n'est pas dans le milieu, un tampon mobile dont le diamètre ne pourra être moindre que cinquante centimètres. Ce tampon sera en pierre, encastré dans un châssis en pierre, et garni, dans son milieu, d'un anneau de fer.

## ART. 14.

Néanmoins, ce tampon ne sera pas exigible pour les fosses dont la vidange se fera au niveau du rez-de-chaussée et qui auront, sur ce même sol, des cabinets d'aisances avec trémie ou siége sans bonde, ni pour celles qui auront une superficie moindre de six mètres dans le fond, et dont l'ouverture d'extraction sera dans le milieu.

## ART. 15.

Le tuyau de chute sera toujours vertical.

Son diamètre intérieur ne pourra avoir moins de vingt-cinq centimètres, s'il est en terre cuite, et de vingt centimètres, s'il est en fonte.

## ART. 16.

Il sera établi, parallèlement au tuyau de chute, un tuyau d'évent, lequel sera conduit jusqu'à la hauteur des souches de cheminées de la maison, ou de celles des maisons contiguës, si elles sont plus élevées.

Le diamètre de ce tuyau d'évent sera de vingt-cinq centimètres au moins; s'il excède cette dimension, il dispensera du tampon mobile.

## ART. 17.

L'orifice intérieur des tuyaux de chute et d'évent ne pourra être descendu au-dessous des points les plus élevés de l'intrados de la voûte.

## SECTION II. — *Des reconstructions des fosses d'aisances dans les maisons existantes.*

## ART. 18.

Les fosses actuellement pratiquées dans les puits, puisards, égouts anciens, aqueducs ou carrières abandonnés, seront comblées ou reconstruites, à la première vidange.

## ART. 19.

Les fosses situées sous le sol des caves, qui n'auraient point communication immédiate avec l'air extérieur, seront comblées, à la première vidange, si l'on ne peut pas établir cette communication.

## ART. 20.

Seront également comblées, à la première vidange, les fosses actuellement existantes dont l'ouverture d'extraction, dans les deux cas déterminés par l'art. 12, n'aurait pas et ne pourrait avoir les dimensions prescrites par le même article; il en sera de même pour celles dont la vidange ne peut s'opérer que par des soupiraux ou des tuyaux.

## ART. 21.

Les fosses à compartiments ou étranglements seront comblées ou reconstruites, à la première vidange, si ces étranglements ou compartiments sont reconnus dangereux.

## ART. 22.

Toutes les fosses des maisons existantes seront, en cas de reconstruction, établies suivant le mode prescrit par la première section du présent titre.

Néanmoins, le tuyau d'évent ne pourra être exigé que s'il est nécessaire de reconstruire un des murs en élévation au-dessus de ceux de la fosse, ou si ce tuyau peut se placer, soit intérieurement, soit extérieurement, sans altérer la décoration des maisons.

### SECTION III. — *Des réparations des fosses d'aisances.*

## ART. 23.

L'ouverture d'extraction de toutes les fosses existantes sera agrandie, lors de la première vidange, si elle n'a pas les dimensions prescrites par l'art. 12 de la présente ordonnance.

## ART. 24.

Dans toutes les fosses dont la voûte aura besoin de réparations, il sera établi un tampon mobile, à moins qu'elles ne se trouvent dans les cas d'exception prévus par l'art. 14.

## ART. 25.

Les piliers isolés, établis dans les fosses, seront supprimés, à la première vidange, ou l'intervalle entre les piliers et les murs sera rempli en maçonnerie, toutes les fois que cet intervalle aura moins de soixante et dix centimètres de largeur.

## Art. 26.

Lorsque le tuyau de chute ne communiquera avec la fosse que par un couloir ayant moins d'un mètre de largeur, le fond de ce couloir sera établi en glacis, jusqu'au fond de la fosse, sous une inclinaison de quarante-cinq degrés au moins.

## Art. 27.

Toute fosse qui laisserait filtrer ses eaux par les murs ou par le fond sera réparée.

## Art. 28.

Les réparations consistant à faire des rejointoiements, à élargir l'ouverture d'extraction, placer un tampon mobile, rétablir les tuyaux de chute ou d'évent, reprendre la voûte et les murs, boucher ou élargir des étranglements, réparer le fond des fosses, supprimer des piliers, pourront être faites suivant les procédés employés à la construction première de la fosse.

## Art. 29.

Les réparations consistant dans la reconstruction entière d'un mur, de la voûte ou du massif du fond des fosses d'aisances, ne pourront être faites que suivant le mode indiqué ci-dessus pour les constructions neuves.

Il en sera de même pour l'enduit général, s'il y a lieu d'en revêtir les fosses.

## Art. 30.

Les propriétaires des maisons dont les fosses seront supprimées, en vertu de la présente ordonnance, seront tenus, s'il n'en existe pas d'autres qui offrent privés suffisants, de les faire remplacer par des fosses construites conformément aux prescriptions de la première section du présent titre, ou par des fosses mobiles inodores, ou tous autres appareils remplissant les conditions énoncées en l'article 1er.

## TITRE III.

### FORMALITÉS A REMPLIR POUR LES CONSTRUCTIONS, RÉPARATIONS OU SUPPRESSIONS DE FOSSES D'AISANCES.

## Art. 31.

Aucune fosse d'aisances ne pourra être construite, reconstruite ou réparée sans déclaration préalable au Maire de la commune.

Cette déclaration sera faite par le propriétaire ou par l'entrepreneur qu'il aura chargé de l'exécution des travaux.

Dans le cas de construction ou de reconstruction, la déclaration devra être accompagnée du plan de la fosse à construire ou à reconstruire, et de celui de l'étage supérieur.

### Art. 32.

Il est défendu de combler des fosses d'aisances ou de les convertir en caves, sans en avoir préalablement obtenu la permission du Maire.

### Art. 33.

Il est interdit aux propriétaires ou entrepreneurs d'extraire ou faire extraire par leurs ouvriers ou tous autres, les eaux vannes et les matières qui se trouveraient dans les fosses.

Cette extraction ne pourra être faite que par un entrepreneur de vidange régulièrement autorisé.

### Art. 34.

Il est également interdit de faire couler dans la rue les eaux claires et sans odeur qui reviendraient dans les fosses après la vidange, à moins d'y être spécialement autorisé par le Maire.

### Art. 35.

Tout propriétaire faisant procéder à la réparation ou à la démolition d'une fosse, ou tout entrepreneur chargé des mêmes travaux, sera tenu, tant que dureront la démolition et l'extraction des pierres, d'avoir, à l'extérieur de la fosse, autant d'ouvriers qu'il en emploiera dans l'intérieur.

### Art. 36.

Chaque ouvrier, travaillant à la démolition ou à l'extraction des pierres, sera ceint d'un bridage dont l'attache sera tenue par un ouvrier placé à l'extérieur.

### Art. 37.

Les propriétaires et entrepreneurs sont, aux termes des lois, responsables des suites des contraventions aux quatre articles précédents.

### Art. 38.

Les fosses qui cesseront d'être en service pour un motif quelconque devront être vidées.

## Art. 39.

Toute fosse, avant d'être comblée, sera vidée et curée à fond.

## Art. 40.

Les fosses d'aisances des maisons qui doivent être démolies seront vidées avant que les travaux de démolition soient entrepris.

## Art. 41.

Toute fosse destinée à être convertie en cave sera curée avec soin, les joints en seront grattés à vif, et les parties en mauvais état réparées, conformément aux dispositions prescrites au titre II de la présente ordonnance.

## Art. 42.

Si un ouvrier est frappé d'asphyxie en travaillant dans une fosse, les travaux seront suspendus à l'instant, et déclaration en sera faite, dans le jour, à la Mairie.

Les travaux ne pourront être repris qu'avec les précautions et les mesures indiquées par l'autorité.

## Art. 43.

Tous matériaux provenant de la démolition des fosses d'aisances seront immédiatement enlevés.

## Art. 44.

Les fosses neuves, reconstruites ou réparées, ne pourront être mises en service et fermées qu'après qu'un agent, délégué par le Maire, en aura fait la réception et aura délivré un permis de fermer.

## Art. 45.

Pour l'exécution de l'article précédent, il devra être donné avis à la Mairie de l'achèvement des travaux.

## Art. 46.

Tout propriétaire qui aura supprimé une ou plusieurs fosses d'aisances pour établir des appareils quelconques en tenant lieu, et qui, par la suite, renoncerait à l'usage desdits appareils, sera tenu de rendre à leur première destination les fosses d'aisances supprimées ou d'en faire construire de nouvelles.

## ART. 47.

Il est enjoint à tous les propriétaires, locataires et concierges de faciliter aux préposés de l'autorité municipale toutes visites ayant pour but de s'assurer de l'état des fosses d'aisances et de leurs dépendances.

## TITRE IV.

### DE LA VIDANGE DES FOSSES D'AISANCES ET DU SERVICE DES FOSSES MOBILES.

SECTION Iʳᵉ. — *De la vidange des fosses d'aisances.*

## ART. 48.

Il est enjoint à tous propriétaires de maisons de faire procéder sans retard à la vidange des fosses d'aisances, lorsqu'elles seront pleines.

Aucune vidange ne pourra être faite que par un entrepreneur dûment autorisé.

## ART. 49.

Nul ne pourra exercer la profession d'entrepreneur de vidanges, dans une des communes rurales du ressort de la Préfecture de Police, sans être pourvu d'une permission du Maire de cette commune.

Cette permission ne sera délivrée qu'après qu'il aura été justifié par le demandeur : 1° qu'il possède les voitures, chevaux, tinettes, tonneaux, seaux et autres ustensiles nécessaires au service des vidanges ; 2° qu'il est muni des appareils de désinfection dont l'administration aura prescrit l'emploi ; 3° et qu'il a, pour déposer ses voitures, appareils et ustensiles, pendant le temps où ils ne sont point employés aux opérations de la vidange, un emplacement convenable, situé dans une localité où l'administration aura reconnu que ce dépôt peut avoir lieu sans inconvénient.

## ART. 50.

La vidange ne pourra avoir lieu que pendant la nuit.

Les voitures employées à ce service, chargées ou non chargées, ne pourront circuler dans l'intérieur des communes que pendant le temps qui aura été déterminé par les Maires de ces communes.

Toutefois, l'extraction des matières ne pourra commencer, du 1er octobre au 31 mars, avant 9 heures du soir, et du 1er avril au 30 septembre, avant 10 heures du soir, ni se prolonger, du 1er octobre au 21 mars, au delà de 8 heures du matin, et du 1er avril au 30 septembre, au delà de 7 heures du matin.

## ART. 51.

Toute voiture employée au transport des matières fécales portera devant et derrière un numéro d'ordre et sera munie, sur le devant, d'une lanterne qui devra être allumée pendant la nuit, et porter, sur le verre le plus apparent, le numéro d'ordre de la voiture.

Chaque voiture portera, en outre, une plaque indiquant le nom et la demeure du propriétaire.

Les Maires assigneront à chaque entrepreneur de vidanges la série des numéros d'ordre affectés à ses voitures, et détermineront les dimensions que devront avoir les numéros, tant sur les voitures que sur les lanternes.

## ART. 52.

Les entrepreneurs faisant usage de tonnes seront tenus d'en fermer les bondes de déchargement, au moyen d'une bande de fer transversale, fixée à demeure à la tonne par l'une de ses extrémités, et fermée, à l'autre, avec un cadenas.

Les écrous et rondelles soutenant la ferrure seront rivés à l'intérieur des tonnes.

L'entonnoir de décharge sera fermé de manière à prévenir toute éclaboussure.

Il est interdit d'employer au service de la vidange et de faire circuler des tonnes dont les bondes de déchargement ne seraient point fermées de la manière prescrite par le présent article.

Les cadenas apposés aux tonnes ne pourront être ouverts et refermés qu'à la voirie, par la personne préposée à cet effet.

En conséquence, il est interdit aux entrepreneurs de confier la clef desdits cadenas à aucune autre personne.

## ART. 53.

Il sera placé une lanterne allumée en saillie sur la voie publique, à la porte de la maison où devra s'opérer une vidange, et ce, préalablement à tout travail et à tout dépôt d'appareils sur la voie publique.

### Art. 54.

On ne pourra ouvrir aucune fosse d'aisances sans prendre les précautions nécessaires pour prévenir les accidents qui pourraient résulter du dégagement ou de l'inflammation des gaz qui y seraient renfermés.

Lorsque l'ouverture sera nécessitée par un motif autre que celui de la vidange, l'entrepreneur en donnera avis, dans le jour, à la Mairie.

### Art. 55.

La vidange d'une fosse d'aisances ne pourra avoir lieu sans que préalablement il en ait été fait, par écrit, une déclaration à la Mairie, la veille ou le jour même de la vidange, avant midi.

Cette déclaration énoncera le nom de la rue et le numéro de la maison, les noms et demeures du propriétaire et de l'entrepreneur de vidanges ; enfin, le nombre des fosses à vider dans la même maison.

### Art. 56.

Lorsque l'entrepreneur n'aura pas pu trouver l'ouverture de la fosse, il ne pourra en faire rompre la voûte qu'en vertu d'une permission du Maire.

L'ouverture pratiquée devra avoir les dimensions prescrites par l'art. 12 de la présente ordonnance.

### Art. 57.

Les propriétaires et locataires ne devront pas s'opposer au dégorgement des tuyaux.

En cas de refus de leur part, la déclaration en sera faite par l'entrepreneur à la Mairie.

### Art. 58.

L'entrepreneur fournira chaque atelier d'au moins deux bridages et d'un flacon de chlorure de chaux concentrée, dont il sera fait usage, au besoin, pour prévenir les dangers d'asphyxie.

### Art. 59.

Il ne pourra être employé à chaque atelier moins de quatre ouvriers, dont un chef.

### Art. 60.

Il est défendu aux ouvriers de se présenter sur les ateliers en état d'ivresse. Il leur est également défendu de travailler à l'extraction des matières, même des eaux vannes, et de descendre dans les fosses, pour quelque cause que ce soit, sans être ceints d'un bridage.

La corde du bridage sera tenue par un ouvrier placé à l'extérieur de la fosse. Nul ouvrier ne pourra se refuser à ce service.

Il est défendu aux entrepreneurs et chefs d'ateliers de conserver, sur leurs travaux, des ouvriers qui seraient en contravention aux dispositions ci-dessus.

## ART. 61.

Pendant le temps du service, les vaisseaux, appareils et voitures devront être placés dans l'intérieur des maisons, toutes les fois qu'il y aura un emplacement suffisant pour les recevoir. Dans le cas contraire, ils seront rangés et disposés au devant des maisons où se feront les vidanges, de manière à nuire le moins possible à la liberté de la circulation.

## ART. 62.

Les matières provenant de la vidange des fosses seront immédiatement déposées dans les récipients qui doivent servir à les transporter aux voiries. Ces vaisseaux seront, en conséquence, remplis auprès de l'ouverture des fosses, fermés, lutés et nettoyés ensuite avec soin à l'extérieur, avant d'être portés aux voitures; toutefois, les eaux vannes seront extraites au moyen d'une pompe.

Il est expressément interdit de faire couler des eaux vannes ou de jeter des matières solides sur la voie publique ou dans les égouts.

## ART. 63.

Après le travail de chaque nuit et avant de quitter l'atelier, les vidangeurs seront tenus de laver et nettoyer les emplacements qu'ils auront occupés.

Il leur est défendu de puiser de l'eau avec les seaux employés aux vidanges.

## ART. 64.

Le travail de la vidange de chaque fosse sera continué à nuits consécutives en sorte que la vidange, interrompue à la fin d'une nuit, devra être reprise au commencement de la nuit suivante.

Lorsque les ouvriers auront été frappés du plomb (asphyxiés), le chef d'atelier suspendra la vidange, et l'entrepreneur sera tenu de faire, dans le jour à la Mairie, sa déclaration de suspension de travail.

Il ne pourra reprendre le travail qu'avec les précautions et mesures qui lui seront indiquées selon les circonstances.

## Art. 65.

Aucune fosse ne pourra être allégée sans une autorisation du Maire.

Il est défendu aux entrepreneurs de laisser des matières au fond des fosses et de les masquer de quelque manière que ce soit.

## Art. 66.

Les fosses doivent être entièrement vidées, balayées et nettoyées.

Les ouvriers vidangeurs qui trouveront dans les fosses des effets quelconques, et notamment des objets pouvant indiquer ou faire supposer quelque crime ou délit, en feront la déclaration, dans le jour, soit au Maire, soit au Commissaire de police.

## Art. 67.

Il est défendu de laisser dans les maisons, au delà des heures fixées pour le travail, des vaisseaux ou appareils quelconques servant à la vidange des fosses d'aisances.

Les vaisseaux ou appareils contenant des matières, qui y seraient trouvés au delà desdites heures, seront, aux frais de l'entrepreneur, immédiatement enlevés d'office, et transportés à la voirie.

## Art. 68.

Néanmoins, toutes les fois que, dans l'impossibilité momentanée de se servir d'une fosse d'aisances, il sera reconnu nécessaire de placer dans la maison des tinettes ou tonneaux, le dépôt provisoire de ces vaisseaux pourra, sur la demande écrite du propriétaire ou principal locataire, être autorisé par le Maire ou le Commissaire de police.

Ces appareils devront être enlevés aussitôt qu'ils seront pleins ou que la cause qui aura nécessité leur placement aura cessé.

## Art. 69.

Hors le temps du service, les tonnes, voitures, tinettes et tonneaux ne pourront être déposés ailleurs que dans des emplacements agréés à cet effet par le Maire.

## Art. 70.

Le repérage d'une fosse devra être déclaré de la même manière que sa vidange. Il sera effectué d'après le même mode et en observant les mêmes mesures de précaution.

## Art. 71.

Les eaux qui reviendraient dans toute fosse vidée et en cours de réparation devront être enlevées comme les matières de vidange.

Toutefois, lorsque la nature de ces eaux le permettra, et en vertu d'une autorisation spéciale du Maire ou du Commissaire de police, elles pourront être versées au ruisseau de la rue, pendant la nuit.

## Art. 72.

Aucune fosse ne pourra être refermée, après la vidange, qu'en vertu d'une autorisation écrite qui sera délivrée par le Maire ou la personne qu'il aura déléguée à cet effet.

Le propriétaire devra avoir sur place, jusqu'à ce qu'il ait reçu l'autorisation de fermer la fosse, une échelle convenable pour en faciliter la visite.

## Art. 73.

Dans le cas où la fosse aurait été fermée, en contravention à l'article précédent, le propriétaire sera tenu de la faire rouvrir et laisser ouverte, aux jour et heure indiqués par la sommation qui lui sera adressée à cet effet, pour que la visite en puisse être faite par qui de droit.

## Art. 74.

Aucune fosse précédemment comblée ne pourra être déblayée qu'en prenant, pour cette opération, les mêmes précautions que pour la vidange.

### SECTION II. — *Service des fosses mobiles.*

## Art. 75.

Il ne pourra être établi, dans les communes rurales du ressort de la Préfecture de Police, en remplacement des fosses en maçonnerie ou pour en tenir lieu, que des appareils approuvés par le Préfet de Police.

## Art. 76.

Aucun appareil de fosse mobile ne pourra être placé dans toute fosse supprimée dans laquelle il reviendrait des eaux quelconques.

## ART. 77.

Nul ne pourra exercer la profession d'entrepreneur de fosses mobiles dans une commune, sans être pourvu d'une permission du Maire de cette commune.

Cette permission ne sera délivrée qu'après qu'il aura été justifié par le demandeur :

1º Qu'il a les voitures, chevaux et appareils nécessaires au service des fosses mobiles;

2º Qu'il a, pour déposer les voitures et appareils, lorsqu'ils ne sont point en service, un emplacement convenable agréé à cet effet par le Maire.

## ART. 78.

Il est expressément défendu, à toute personne non pourvue d'une permission d'entrepreneur de fosses mobiles, de poser ou faire poser des appareils, même autorisés, dans une maison quelconque, et de s'immiscer, en quoi que ce soit, dans le service des fosses mobiles.

## ART. 79.

Le transport des appareils des fosses mobiles ne pourra avoir lieu que pendant les heures de la journée qui auront été fixées par le Maire de la commune.

## ART. 80.

Aucun appareil ne pourra être placé sans une déclaration préalable à la Mairie par le propriétaire ou par l'entrepreneur.

Toute suppression d'appareil doit également être déclarée à la Mairie.

## ART. 81.

Les appareils devront être établis sur un sol rendu imperméable jusqu'à un mètre au moins, au pourtour des appareils, autant que les localités le permettront, et disposé en forme de cuvette.

Les caveaux où se trouveront les appareils devront être constamment pourvus d'une échelle qui permette d'y descendre avec facilité et sans danger.

Les trappes qui fermeront l'ouverture de ces caveaux seront construites solidement, et garnies d'un anneau en fer destiné à en faciliter la levée.

Il sera pris les dispositions nécessaires pour que les eaux pluviales et ménagères ne puissent pénétrer dans les caveaux.

4

## Art. 82.

Tout appareil plein devra être enlevé et remplacé, avant que les matières débordent.

Tout enlèvement d'appareil devra être précédé d'une déclaration qui sera faite la veille à la Mairie.

## Art. 83.

Les appareils seront fermés sur place, lutés et nettoyés ensuite avec soin avant d'être portés aux voitures.

## Art. 84.

Il est défendu de laisser dans les maisons d'autres appareils de fosses mobiles que ceux qui y sont en service.

Les appareils remplis de matières, remplacés et laissés dans les maisons, seront, aux frais de l'entrepreneur, immédiatement enlevés d'office et transportés à la voirie.

Il en sera de même de tout appareil en service dont les matières déborderont.

## Art. 85.

Il est expressément défendu de faire écouler les matières contenues dans des appareils, à l'aide de canelles ou de toute autre manière.

## TITRE V. — *Dispositions communes aux entrepreneurs de vidanges et aux entrepreneurs de fosses mobiles.*

## Art. 86.

Les voitures servant au transport des matières fécales ne pourront passer que par les rues qui auront été désignées dans la déclaration de vidange.

Si le Maire a fixé un itinéraire, elles devront le suivre.

Tout stationnement intermédiaire de ces voitures, du lieu du chargement à la voirie, est expressément interdit.

## Art. 87.

Les voitures de transport de vidanges devront être construites avec solidité, entretenues en bon état et chargées de manière que les vaisseaux reposent toujours sur la partie opposée à leur ouverture.

## Art. 88.

Les vaisseaux ou appareils contenant des matières seront conduits directement aux voiries indiquées dans les déclarations de vidange; ils seront constamment entretenus en bon état, de telle sorte que rien ne puisse s'en échapper ou se répandre.

## Art. 89.

En cas de versement de matières sur la voie publique, l'entrepreneur fera procéder immédiatement à leur enlèvement et au lavage du sol. Faute par lui de se conformer aux dispositions du présent article, il y sera pourvu d'office et à ses frais.

## Art. 90.

Dans le cas où un entrepreneur cesserait de satisfaire aux conditions imposées par les articles 50 et 78, sa permission lui sera retirée.

TITRE VI. — *Désignation des communes auxquelles la présente ordonnance est applicable, et dispositions diverses.*

## Art. 91.

Toutes les dispositions de la présente ordonnance sont applicables aux communes limitrophes de Paris, et aux communes de Sceaux, Saint-Denis, Boulogne, Saint-Cloud, Sèvres et Meudon, seulement.

Les Maires de ces communes détermineront, par des arrêtés, le délai après lequel elle devra recevoir son exécution. Ce délai ne pourra excéder une année.

## Art. 92.

Quant aux communes non désignées en l'article précédent, elles ne seront soumises qu'aux prescriptions du § 1er de l'article 1er, aux termes desquelles toute maison habitée doit être pourvue de privés en nombre suffisant.

Ces prescriptions seront obligatoires dans lesdites communes, à partir du 1er juillet 1854.

Les Maires pourront, par des arrêtés qui seront soumis à notre approbation, rendre toutes les autres dispositions de l'ordonnance applicables à tout ou partie de leurs communes respectives, lorsqu'ils le jugeront à propos. Jusque-là, les privés prescrits par le premier paragraphe du présent article pourront être desservis par des fosses d'aisances établies d'après l'usage du lieu, ou dans les conditions déterminées par l'autorité municipale.

## Art. 93.

Les contraventions seront constatées par des procès-verbaux ou rapports qui seront déférés aux tribunaux compétents, sans préjudice des mesures administratives qui pourront être prises suivant les circonstances.

## Art. 94.

La présente ordonnance sera imprimée et affichée dans toutes les communes rurales du ressort de la Préfecture de Police.

Les Maires de ces communes, ainsi que les Commissaires de police, les Architectes voyers, les Gardes champêtres et la Gendarmerie en surveilleront et assureront l'exécution, chacun en ce qui le concerne.

Il en sera adressé des exemplaires aux Sous-Préfets de Sceaux et de Saint-Denis, qui sont chargés de concourir à son exécution.

*Le Préfet de Police,*
PIETRI.

**Arrêté relatif à l'emploi du béton et des ciments dans la construction des fosses d'aisances.**

### 1ᵉʳ *août* 1862.

LE SÉNATEUR, PRÉFÈT DE LA SEINE, Grand-croix de l'Ordre de la Légion d'honneur,

Vu ; 1° l'ordonnance royale du 24 septembre 1819, réglant la construction des fosses d'aisances dans Paris, et portant, art. 4 : « les murs, la voûte et le « fond des fosses seront entièrement construits en pierres meulières maçon- « nées avec du mortier de chaux maigre et du sable de rivière bien lavé. Les « parois des fosses seront enduites de pareil mortier lissé à la truelle » ;

2° Les ordonnances de police des 23 octobre 1819 et 23 octobre 1850 ;

3° Les rapports de l'Ingénieur en chef chargé du Service des Eaux et des Égouts, en date des 14 août 1860 et 14 octobre 1861 ;

4° Les conclusions de l'Inspecteur général Directeur des Travaux publics, en date du 24 février dernier ;

Vu la loi des 16-24 août 1790 et celle des 19-22 juillet 1791 ;

Vu le décret du 10 octobre 1859, art. 1ᵉʳ-3° ;

ARRÊTE :

### ART. 1ᵉʳ.

A l'avenir les bétons de ciment romain, de Vassy ou de Portland, et le béton Coignet, seront admis dans la construction des fosses d'aisances conjointement avec la maçonnerie en meulières hourdées en mortier à chaux hydraulique.

Les fosses ainsi construites resteront soumises à la réception préalable par les agents de l'administration, en exécution des ordonnances de police susvisées.

### ART. 2.

M. l'Inspecteur général des Ponts et Chaussées, Directeur du Service municipal, est chargé d'assurer l'exécution du présent arrêté qui sera inséré au *Recueil des Actes administratifs de la Préfecture.*

Fait à Paris, le 1ᵉʳ août 1862.

G.-E. HAUSSMANN.

**Arrêté réglementaire pour l'écoulement des eaux vannes dans les égouts publics par voie directe.**

2 *juillet* 1867.

LE SÉNATEUR, PRÉFET DE LA SEINE, Grand-croix de l'Ordre de la Légion d'honneur,

Vu : 1° la loi des 16-24 août 1790;

2° Les décrets des 26 mars 1852 et 10 octobre 1859;

3° Les ordonnances de police des 5 juin 1834, 23 octobre 1850, 1er septembre 1853 et 29 novembre 1854;

4° L'arrêté préfectoral du 9 février 1867;

5° La délibération de la Commission municipale en date du 20 décembre 1850, qui fixe la rétribution à payer à la Ville pour écoulement dans les égouts des liquides provenant des fosses d'aisances;

6° La délibération du Conseil municipal du 21 novembre 1862; ensemble l'arrêté préfectoral du 2 décembre suivant, approbatif de cette délibération;

7° Le rapport du Directeur des Eaux et des Égouts;

ARRÊTE :

ART. 1er.

Les propriétaires de maisons en bordure sur la voie publique pourront faire écouler les eaux vannes de leurs fosses d'aisances dans les égouts de la Ville, d'une manière directe.

*Abonnement.*

A cet effet, ils souscriront des abonnements qui, s'il y a lieu, seront approuvés par arrêtés préfectoraux, sur l'avis de l'Ingénieur en chef des Eaux et des Égouts.

Ces abonnements seront annuels et révocables à la volonté de l'Administration. Ils partiront des 1er janvier et 1er juillet de chaque année.

*Renonciation.*

Le propriétaire pourra y renoncer en prévenant le Préfet de la Seine six mois à l'avance. Quelle que soit la date de l'avertissement, le prix de l'abonnement sera exigible jusqu'à son expiration.

ART. 2.

*Conditions d'abonnement.*

Les conditions à remplir pour l'abonnement sont les suivantes :

*Concession d'eau.*

1° La propriété sera desservie par les eaux de la Ville.

### Branchement d'égout.

2° Elle sera pourvue d'un branchement d'égout particulier. Ce branchement pourra être prolongé jusqu'au caveau renfermant les appareils de vidange, pour servir, si on le juge à propos, à l'enlèvement souterrain de ces appareils. Dans ce cas, le branchement sera fermé à l'aplomb du mur de face au moyen d'une grille verticale à deux clefs dissemblables, dont une, établie sur le modèle arrêté par l'Administration, sera remise au Service des Égouts, l'autre demeurant aux mains du propriétaire. Cette grille ne sera pas exigible dans le cas où le caveau et le branchement y aboutissant seront sans communication avec l'intérieur de la propriété.

### Appareils diviseurs.

3° Les eaux vannes devront être séparées des solides au moyen d'appareils diviseurs d'un modèle accepté par l'Administration. Les entrepreneurs chargés de la fourniture et de l'entretien de ces appareils seront exclusivement choisis parmi les entrepreneurs de vidanges en exercice à Paris.

### Caveau.

Les appareils diviseurs seront établis dans un caveau convenablement ventilé, et dont le sol aura été rendu imperméable et disposé en forme de cuvette.

### Chutes.

Chaque chute de cabinets d'aisances sera pourvue d'un appareil diviseur mobile. Les chutes avec leurs branchements ne pourront être placées sous un angle supérieur à 45 degrés.

### Eaux vannes.

4° Les eaux vannes s'écouleront à part dans l'égout par une conduite en fonte ou en grès vernissé, établie suivant les instructions de l'Ingénieur en chef des Eaux et des Égouts.

### Eaux pluviales, ménagères, industrielles et de concession.

5° Les eaux pluviales, ménagères, industrielles, et celles provenant de la concession desservant la propriété, seront dirigées dans la conduite de manière à se mélanger aux eaux vannes avant qu'elles n'atteignent l'égout public. En aucun cas les eaux de ces diverses provenances ne pourront être directement envoyées dans les appareils filtrants.

## Fosses réformées.

6° Les fosses fixes, rendues inutiles par suite de l'installation des appareils diviseurs, seront comblées ou converties en caves.

## ART. 3.

### Police des travaux.

Les dispositions qui précèdent et toutes celles que l'Administration jugerait utile de prescrire seront exécutées aux frais, risques et périls du propriétaire, d'après les instructions des agents du Service des Eaux et des Égouts, et sans qu'il puisse être mis empêchement au contrôle de ces agents, sous quelque prétexte que ce soit.

Aucun appareil de vidange nouveau ne sera mis en service qu'après avoir été reconnu par l'Inspecteur de l'Assainissement ou son délégué, qui en autorisera l'usage.

## ART. 4.

### Interruption d'écoulement.

Les abonnés n'auront droit à aucune indemnité pour cause d'interruption momentanée d'écoulement d'eaux vannes à l'égout, par suite de travaux exécutés par la Ville de Paris, lorsque l'interruption ne se prolongera pas au delà d'un mois. Après ce terme, la réduction de la redevance fixée par l'article 6 ci-après sera proportionnelle à la durée de l'interruption.

## ART. 5.

### Responsabilité.

Les abonnés seront exclusivement responsables envers les tiers de tous les dommages auxquels pourraient donner lieu, soit les appareils de vidange, soit l'écoulement des liquides en provenant.

## ART. 6.

### Tarif.

Le propriétaire, ou en son nom l'entrepreneur chargé de la fourniture et de l'enlèvement des appareils filtrants, acquittera à la Caisse municipale une redevance annuelle de *trente francs* par tuyau de chute.

## ART. 7.

### Payement.

Le montant de la somme à payer sera fixé chaque semestre, après constatation contradictoire du nombre des orifices existants, par l'Inspecteur de l'Assainissement ou son délégué, en présence du propriétaire ou de son représentant, et sera reconnu par ceux-ci sur un état que l'Ingénieur en chef des Eaux et des Égouts transmettra à la Préfecture de la Seine pour être rendu exécutoire.

Le prix de l'abonnement sera versé en deux termes égaux, 1er janvier et 1er juillet, et d'avance.

### Résiliation.

A défaut de payement à l'une des deux échéances, l'écoulement sera suspendu et l'abonnement pourra être résilié.

### Art. 8.

#### Contraventions.

Les contraventions aux dispositions du présent arrêté seront constatées par procès-verbaux ou rapports et poursuivies par les voies de droit, sans préjudice des mesures administratives auxquelles ces contraventions pourraient donner lieu.

Fait à Paris, le 2 juillet 1867.

G.-E. HAUSSMANN.

**Arrêté relatif à l'interdiction des appareils sur réservoirs.**

13 *mai* 1872.

LE PRÉFET DU DÉPARTEMENT DE LA SEINE, membre de l'Assemblée nationale,

Vu l'ordonnance de police, en date du 23 septembre 1843, qui autorise l'exploitation d'un système de fosses d'aisances comportant un appareil diviseur pour les solides et un réservoir pour les liquides ;

Vu le rapport du Directeur des Eaux et des Égouts, ayant pour objet l'interdiction de ce système ;

ARRÊTE :

### ART. 1er.

Les appareils sur réservoirs, autorisés par l'ordonnance de police susvisée, sont interdits pour l'avenir.

Ceux qui existent actuellement seront supprimés successivement, savoir :

Dans toute maison pourvue d'un branchement d'égout susceptible de recevoir les liquides des appareils, lors de la plus prochaine vidange ;

Dans toute autre maison, lors de la première vidange qui suivra l'établissement d'un branchement pouvant recevoir les liquides.

### ART. 2.

Tout propriétaire qui n'aura pas satisfait à cette prescription après l'invitation qui lui aura été signifiée lors de la déclaration préalable à la vidange, sera poursuivi devant la juridiction compétente.

### ART. 3.

Le Directeur des Eaux et des Égouts est chargé de l'exécution du présent arrêté, qui sera notifié à tous les entrepreneurs de vidange et au propriétaire de chaque maison possédant des appareils sur réservoirs.

Ampliation sera transmise à M. le Préfet de Police et au Commissaire de Police remplissant les fonctions du Ministère public près le Tribunal de simple police.

L'insertion en sera faite au *Recueil des Actes administratifs*.

Fait à Paris, le 13 mai 1872.

LÉON SAY.

# VOIRIE.

## FOUILLES ET CAVES SOUS LA VOIE PUBLIQUE.

---

**Édit de Henri IV sur les attributions du Grand-Voyer, la juridiction en matière de voirie, la police des rues et chemins, etc.**

*Décembre 1607.*

HENRY, etc.................................................

A ces causes, Nous, de l'advis de nostre Conseil, auquel estoient plusieurs princes de nostre sang et aultres notables seigneurs de nostre Royaume, avons par cestuy nostre edit et reglement perpétuel et irrévocable, voulu et ordonné que les articles contenus en iceluy, concernant la dite voyrie, soient entretenus, suivis et observez de point en point par tous nosdicts sujets.

.................................................

................ (1) Faisons aussi deffenses à toutes personnes de faire et creuser *aucunes caves sous les rues;* et pour le regard de ceux qui voudront faire degrez pour monter à leurs maisons, par le moyen desquels les rues estrecissent, faire sièges esdites rues, estail ou auvent, clorre ou fermer aucunes rues, faire planter bornes au coin d'icelles, ès entrées de maisons, poser enseignes nouvelles, ou faire le tout réparer, prennent congé dudit grand voyer ou commis. Pour lesquelles choses faites de neuf, et pour la permission première, nous luy avons attribué et attribuons la somme de trente sols tournois poser la visitation d'icelles, et pour celles qu'il conviendra seulement réparer et refaire, la somme de quinze sols tournois; et où aucuns voudroient faire telles entreprises sans les dites permissions, le pourra faire condamner en ladite amende de dix livres, payable comme dessus, ou plus grande somme, si le cas y échet, et faire abattre les dites entreprises; le tout au cas que les dites entreprises incommodent le public; et pour cet effet, sera tenu le commis dudit grand voyer se transporter sur les lieux auparavant que donner la permission ou congé de faire les dites entreprises............

---

(1) La sécurité et la solidité du sol de la voie publique ont été de tout temps l'objet de l'attention de l'autorité administrative.

Le titre de l'office du voyer de Paris, rédigé en 1270, contient un texte relatif à cette matière. Art. 6. « *Nuls ne peuvent faire caveaux dessoubs voyes sans le congé du Voyer.* » L'édit de 1607 n'en est en quelque sorte que la reproduction.

### Arrêt du Conseil d'État.

## 3 *juillet* 1685.

Le Roy ayant esté informé des contestations qui arrivent très souvent entre les bourgeois de sa bonne ville de Paris, propriétaires des maisons, ordonné estre retranchées par les arrests de son Conseil, et le Procureur de Sa Majesté au Bureau des Trésoriers de France de la généralité de Paris tant au sujet des allignements qu'il convient donner ausdits bourgeois dont les maisons ont esté retranchées, que pour la jouissance des caves desdites maisons qui se trouvent sous les rües où se font lesdits retranchements, Sa Majesté se seroit fait représenter en son Conseil, lesdits arrests et les contracts faits au sujet desdits retranchements entre les Prevost des Marchands et Eschevins de ladite ville et lesdits bourgeois par lesquels elle auroit reconnu que par clause expresse il estoit accordé aux propriétaires desdites maisons à retrancher la jouissance desdites caves dépendantes desdites maisons qui se trouvoient sous les rües, à la charge par lesdits propriétaires de faire retirer à leurs frais lesdites maisons et bastiments suivant les allignements qui leur en seroient donnez. Et comme au préjudice desdites clauses apposées dans lesdits contrats il a esté rendu depuis quelque temps plusieurs ordonnances par lesdits Trésoriers de France contre lesdits propriétaires portant que les voûtes desdites caves des maisons retranchées et à retrancher seroient incessamment rompües et lesdites caves comblées, ce qui causeroit un dommage considérable ausdits bourgeois propriétaires desdites maisons, si elles estoient exécutées, et empescheroit mesme lesdits Prevost des Marchands et Eschevins de faire faire si facilement les retranchements desdites maisons ordonné estre faits par Sa Majesté pour la décoration de ladite ville, cette jouissance desdites caves tenant lieu et faisant partie du desdommagement qu'il convient faire ausdits propriétaires, lesquels par ce moyen ne sont pas tenus de faire des fondations entieres et si profondes pour restablir leursdites maisons, à quoy Sa Majesté désirant pourvoir,

Oüy le rapport du sieur Le Peletier, Conseiller ordinaire au Conseil royal, Controlleur général des finances,

Sa Majesté estant en son Conseil a ordonné et ordonne que les propriétaires des maisons retranchées et à retrancher suivant les arrests de son Conseil jouiront des caves qu'ils ont sous les rües conformément ausdits contracts faits entre eux et lesdits Prevost des Marchands et Eschevins de la ville, les voultes desdites caves préalablement vües et visitées par les sieurs de Bragelogne et Fremin, Trésoriers de France au bureau des Finances que

Sa Majesté a commis à cet effet, lesquels donneront pareillement tous les allignements nécessaires pour raison desdits retranchements de maisons, en présence du Procureur de Sa Majesté audit bureau desdits Trésoriers de France suivant les plans que lesdits Prevost des Marchands et Eschevins en ont ou feront lever par les ordres de Sa Majesté qui leur seront à cette fin par le maître des œuvres de ladite ville, à quoy ils seront tenus de procéder aussy tost qu'ils en seront requis, le tout sans frais, et sera le présent arrest exécuté nonobstant oppositions ou appellations quelconques et sans préjudice d'icelles dont, si aucunes interviennent, Sa Majesté s'en réserve à Soy et à son Conseil la connoissance icelle interdit à toutes ses cours et juges.

LE TELLIER, LE PELETIER, BOUCHERAT.

### Arrêt du Conseil d'État relatif au comblement de caves sous la voie publique.

#### 23 *janvier* 1862.

NAPOLÉON, par la grâce de Dieu et la volonté nationale, Empereur des Français, à tous présents et à venir, salut.

Sur le rapport de la section du contentieux ;

Vu les requêtes sommaire et ampliative présentées pour le sieur Charles-Auguste Legendre, demeurant à Savigny-sur-Orge (Seine-et-Oise), et pour le sieur Émile Guilloteaux et la dame Marie-Louise Legendre, son épouse, demeurant ensemble à Mormant (Seine-et-Marne), tous agissant comme co-propriétaires d'une maison sise à Paris, rue du Roule, 6 ; lesdites requêtes enregistrées au secrétariat de la section du contentieux de notre Conseil d'État, les 17 septembre et 21 novembre 1860, et tendant à ce qu'il nous plaise : annuler pour excès de pouvoir un arrêté en date du 25 août 1860, par lequel le Préfet du département de la Seine leur a enjoint de faire combler, dans un délai de huit jours, les caves dépendant de leur maison précitée, sise rue du Roule, et qui s'étendait sous le sol de la voie publique, disposant que faute par les propriétaires d'avoir opéré ce comblement dans le délai ci-dessus fixé, il y serait pourvu d'office à leurs risques et périls ;

Attendu que ces caves existaient avant que la rue du Roule ne fût ouverte ; que l'existence de ces caves a dû être connue par la Ville de Paris au moment de l'ouverture de ladite rue ; que la Ville de Paris n'a produit aucun titre prouvant qu'à une époque quelconque elle aurait acquis la propriété du sous-sol de la voie publique ; que, d'ailleurs, en présence de l'existence des caves avant l'ouverture de la rue et de la possession simultanée de ces caves, c'est-à-dire du sous-sol de la voie publique par les requérants et du sol de cette voie par la Ville de Paris, cette Ville ne peut pas invoquer la présomption légale établie par l'art. 552 du Code Napoléon, et qui ferait que, propriétaire du sol, elle devrait être considérée comme propriétaire du dessous de ce sol ; que dès lors les requérants ne pouvaient être dépossédés de leur propriété que moyennant payement d'une juste et préalable indemnité ;

Subsidiairement, ordonner, avant faire droit au fond, une vérification par experts, à l'effet de reconnaître :

1° Si les caves dont la suppression est demandée n'ont pas une existence antérieure de plusieurs siècles à l'ouverture de la rue du Roule ;

2° Si, lors de l'ouverture de cette rue, la Ville de Paris n'a pas pu et dû connaître l'existence antérieure de ces caves ;

Vu l'arrêté attaqué ;

Vu le mémoire en intervention produit par la Ville de Paris, poursuites et diligences du Préfet du département de la Seine à ce dûment autorisé ; ledit mémoire enregistré comme ci-dessus le 7 mars 1861, et tendant à ce qu'il nous plaise déclarer l'intervention recevable et rejeter le pourvoi des requérants aux dépens ;

Attendu que la Ville de Paris, en devenant propriétaire du sol sur lequel la rue du Roule a été établie a dû nécessairement devenir propriétaire du dessous de ce sol, que les anciens édits et arrêts lui en faisaient une obligation, et que les rues faisant partie du domaine public municipal imprescriptible, aucune usurpation ou possession n'a pu détruire son droit de propriété ; que les anciens édits et arrêts sur la voirie, notamment ceux de décembre 1607 et du 4 septembre 1778 interdisaient de creuser des caves sous la voie publique, ce qui impliquait l'interdiction de conserver sous cette voie les caves d'une existence antérieure à son ouverture ; que, dans l'espèce, les arrêts des dernier janvier et dernier février 1689, en vertu desquels l'ouverture de la rue du Roule a été autorisée, disposaient que l'emplacement de cette rue serait payé des deniers patrimoniaux de la Ville, suivant l'estimation qui serait faite ; qu'ainsi la cession du sol de cette rue n'a pas été gratuite, et a dû, dès lors, être entière et comprendre le dessous aussi bien que le dessus de ce sol ; que telle est du moins la présomption légale établie par l'art. 552 du Code Napoléon, présomption qui ne peut être détruite que par la production des titres contraires, qui n'ont pas été produits par les requérants ;

Que, de ce qui précède, il faut donc conclure que lesdits requérants ont conservé non pas la propriété, mais la jouissance des caves dont il s'agit à titre de pure tolérance, et que la ville peut toujours exiger la suppression de ces caves ; qu'enfin, en admettant même que les requérants puissent invoquer un droit de propriété, ils étaient toujours tenus d'obéir aux injonctions du voyer, faites dans le but d'assurer le service de la voirie, sauf, s'ils s'y croyaient fondés, à réclamer ensuite une indemnité ;

Vu les observations de notre Ministre de l'intérieur, en réponse à la communication qui lui a été donnée des requêtes ci-dessus visées, lesdites observations enregistrées comme ci-dessus le 17 septembre 1861 ;

Vu le mémoire en réplique, enregistré comme ci-dessus, le 16 novembre 1861, par lequel les requérants déclarent persister dans leurs précédentes conclusions, et demandent, en outre, que la Ville de Paris soit condamnée aux dépens ;

Attendu notamment que la Ville de Paris, ayant admis que les caves dont il s'agit existaient antérieurement à l'ouverture de la rue du Roule, et ne produisant aucun titre en vertu duquel elle serait devenue propriétaire de ces caves, les requérants sont fondés à invoquer, en faveur de leur droit de propriété sur lesdites caves, la présomption légale établie par l'art. 2234 du Code Napoléon, qui dispose que le possesseur actuel qui prouve avoir possédé

— 64 —

anciennement est présumé avoir possédé dans le temps intermédiaire, sauf la preuve contraire ;

Vu la délibération en date du 19 avril 1861, par laquelle le Conseil municipal de la Ville de Paris autorise le Préfet du département de la Seine à intervenir devant nous en notre Conseil d'État, à l'effet de défendre au pourvoi formé par les requérants contre l'arrêté ci-dessus visé du 25 août 1860 ;

Vu les autres pièces produites et jointes au dossier, notamment les arrêtés du Conseil des dernier janvier et dernier février 1689, relatifs à l'ouverture de la rue du Roule ;

Vu l'édit de décembre 1607, l'arrêt du Conseil du 3 juillet 1685 et l'ordonnance du bureau des Finances du 4 septembre 1778, portant notamment que les propriétaires de maisons ou héritages qui ont des caves ou passages sous les rues, voies, places publiques et grands chemins dans l'étendue de la généralité de Paris, seront tenus de les combler ou d'en faire la déclaration au Procureur du Roi du bureau, pour être ensuite, d'après la visite qui en sera faite, ordonné ce qui appartiendra ;

Vu la loi du 19-22 juillet 1791, art. 29 ;

Ouï M. Perret, auditeur, en son rapport ;

Ouï Me Plé, avocat du sieur Legendre, et Me Jagerschmidt, avocat de la Ville de Paris, en leurs observations ;

Ouï M. Charles Robert, maître des requêtes, commissaire du Gouvernement, en ses conclusions :

En ce qui touche l'intervention de la Ville de Paris :

Considérant que les caves dont la suppression a été ordonnée par l'arrêté attaqué étaient placées sous le sol de la rue du Roule ; que, dans ces circonstances, la Ville de Paris a intérêt à défendre au pourvoi formé par les requérants contre cet arrêté, et que son intervention doit être admise ;

Au fond :

Considérant qu'en ordonnant, par l'arrêté attaqué, la suppression des caves précitées, le Préfet du département de la Seine a agi en vertu des pouvoirs qui résultent pour l'administration des édits, arrêt et ordonnance ci-dessus visés, notamment de l'ordonnance du 4 septembre 1778 ; et que cet arrêté ne fait pas obstacle à ce que les requérants, s'ils s'y croient fondés, fassent valoir devant l'autorité compétente les droits qu'ils prétendraient avoir à une indemnité à raison de la suppression de ces caves ; que dès lors, en prenant cet arrêté, ledit Préfet n'a pas excédé ses pouvoirs ;

Notre Conseil d'État au contentieux entendu,

Avons décrété et décrétons ce qui suit :

Art. 1er.

L'intervention de la Ville de Paris est admise.

### Art. 2.

La requête du sieur Legendre et des sieur et dame Guilloteaux est rejetée.

### Art. 3.

Le sieur Legendre et les sieur et dame Guilloteaux sont condamnés aux dépens de l'intervention.

### Art. 4.

Notre Garde des Sceaux, Ministre Secrétaire d'État au département de la Justice, et notre Ministre Secrétaire d'État au département de l'Intérieur, sont chargés, chacun en ce qui le concerne, de l'exécution du présent décret.

NAPOLÉON.

**Arrêt de Cour d'appel relatif au droit de propriété revendiqué par les riverains.**

11 *juillet* 1871.

COUR D'APPEL DE PARIS, 1ʳᵉ *Chambre. Présidence de M. Rohault de Fleury,*

*Audiences des 27 juin, 4 et 11 juillet* 1871.

LA COUR,

Considérant que Geoffroy a assigné le Préfet de la Seine, représentant la Ville de Paris, pour se faire reconnaître propriétaire de caves existant sous la voie publique et dépendant d'une maison sise à Paris, rue de la Monnaie, nº 7;

Considérant que sur cette demande est intervenu, le 9 janvier 1869, un jugement du Tribunal de la Seine, qui déclare Geoffroy propriétaire de ces caves comme de la maison elle-même, par le motif que si Geoffroy ne représente pas de titres constatant son droit de propriété, il résulte des édit et arrêt de 1607 et 1685 combinés, que les auteurs de l'intimé, propriétaires d'une maison établie sur lesdites caves, et retranchée en 1868 pour former une voie nouvelle, avaient conservé la propriété de ces caves sous la voie publique, comme partie de l'indemnité du retranchement et en avaient joui, ainsi que lui, au même titre jusqu'à sa dépossession récente;

Considérant que pour vérifier si Geoffroy et ses auteurs ont toujours été propriétaires des caves situées sous le sol de la voie publique, il importe de rechercher tout d'abord l'effet de l'abandon fait en 1689 par les propriétaires du sol sur lequel on établissait la rue de la Monnaie;

Considérant que cet abandon au Domaine public rendait la chose abandonnée inaliénable et imprescriptible, et que, par la remise du sol et la transmission de la propriété, le nouvel acquéreur devenait propriétaire dans les mêmes termes que le cédant;

Considérant qu'il est de principe que le propriétaire du sol est propriétaire du dessus et du dessous; que ce principe s'applique nécessairement au sous-sol de la voie publique;

Considérant toutefois que cette présomption de la loi peut céder devant des titres émanés des propriétaires originaires, réservant ou aliénant partie de la propriété;

Considérant que Geoffroy ne rapporte aucun titre, mais qu'il prétend que ses auteurs n'ont cessé d'être propriétaires et que les divers édit et arrêt l'ont implicitement reconnu;

Considérant que les retranchements opérés pour constituer la rue de la Monnaie n'ont donné lieu, aux termes exprès de l'arrêt de 1689, qu'à une indemnité en argent; que ces retranchements paraissent donc avoir été complets et avoir compris le dessus et le dessous;

Considérant qu'il résulte de la législation précédente que les caves existant sous la voie publique ne pouvaient être conservées, qu'autant qu'on avait passé des contrats relatifs à cette conservation;

Qu'en effet, l'édit de décembre 1607 ordonne d'une manière absolue leur suppression; que si l'arrêt du Conseil du 3 juillet 1685 prescrit de laisser aux propriétaires de maisons retranchées la jouissance des caves, ce n'est que lorsque cette jouissance leur a été réservée par clause expresse et fait partie du dédommagement à eux accordé;

Considérant que Geoffroy ne peut se prévaloir des dispositions de cet arrêt, puisqu'il ne rapporte pas le contrat fait avec le Prévôt des marchands qu'exigeait l'arrêt, et puisqu'il ressort de l'arrêt de 1689 que les indemnités de retranchement de la rue de la Monnaie ont consisté en argent;

Considérant que, sous un autre rapport, on ne peut invoquer l'arrêt de 1685 pour établir que la propriété des caves est restée entre les mains des anciens propriétaires;

Que cet arrêt, en effet, ne leur laisse qu'une simple jouissance, lorsqu'elle est réservée par le contrat et à la charge de remplir certaines obligations de sûreté publique;

Considérant que de ce que dessus ressort pour tout réclamant l'obligation de produire les contrats passés avec les représentants de la Ville, et reconnaissant le droit à la jouissance des caves;

Considérant que Geoffroy revendique une propriété anormale; qu'il réclame le tréfonds de la voie publique; qu'il doit donc justifier par titre son droit de propriété;

Considérant qu'il ne fait aucune justification; que dès lors il ne peut être reconnu propriétaire;

Considérant que, si Geoffroy et ses auteurs sont restés en possession des caves étant sous la voie publique et en ont conservé la jouissance jusqu'à l'arrêté du 31 août 1866, qui a ordonné qu'elles fussent comblées, ces possession et jouissance n'ont procédé que de la tolérance de la Ville de Paris;

Considérant que le trouble qui y a été apporté ne pourrait donner lieu qu'à des indemnités que la Cour ne peut apprécier;

Considérant d'ailleurs que par suite de la décision prise par la Cour, il n'y a lieu de s'arrêter aux conclusions subsidiaires;

Par ces motifs :

Met l'appellation et le jugement dont est appel à néant ; émendant, décharge le Préfet de la Seine des dispositions et condamnations prononcées contre lui ;

Au principal, dit que Geoffroy n'est pas propriétaire des caves étant au droit de sa maison sous la voie publique ; le déclare mal fondé dans sa demande, l'en déboute ; sur le surplus des fins, moyens et conclusions des parties, les met hors de cause ;

Ordonne la restitution de l'amende et condamne Geoffroy aux dépens de première instance et d'appel.

### Décret relatif aux rues de Paris.

26 *mars* 1852.

LOUIS-NAPOLÉON, Président de la République française,

Sur le rapport du Ministre de l'Intérieur, de l'Agriculture et du Commerce ;

DÉCRÈTE :

#### ART. 1er.

Les rues de Paris continueront d'être soumises au régime de la grande voirie.

#### ART. 2.

Dans tout projet d'expropriation pour l'élargissement, le redressement ou la formation des rues de Paris, l'administration aura la faculté de comprendre la totalité des immeubles atteints, lorsqu'elle jugera que les parties restantes ne sont pas d'une étendue ou d'une forme qui permette d'y élever des constructions salubres.

Elle pourra pareillement comprendre dans l'expropriation des immeubles en dehors des alignements, lorsque leur acquisition sera nécessaire pour la suppression d'anciennes voies publiques jugées inutiles.

Les parcelles de terrain acquises en dehors des alignements, et non susceptibles de recevoir des constructions salubres, seront réunies aux propriétés contiguës, soit à l'amiable, soit par l'expropriation de ces propriétés, conformément à l'art. 53 de la loi du 16 septembre 1807.

La fixation du prix de ces terrains sera faite suivant les mêmes formes et devant la même juridiction que celle des expropriations ordinaires.

L'art 58 de la loi du 3 mai 1841 est applicable à tous les actes et contrats relatifs aux terrains acquis pour la voie publique par simple mesure de voirie.

#### ART. 3.

A l'avenir, l'étude de tout plan d'alignement de rue devra nécessairement comprendre le nivellement ; celui-ci sera soumis à toutes les formalités qui régissent l'alignement.

Tout constructeur de maison, avant de se mettre à l'œuvre, devra demander l'alignement et le nivellement de la voie publique au devant de son terrain et s'y conformer.

## ART 4.

Il devra pareillement adresser à l'administration un plan et des coupes cotés des constructions qu'il projette, et se soumettre aux prescriptions qui lui seront faites dans l'intérêt de la sûreté publique et de la salubrité.

Vingt jours après le dépôt de ces plans et coupes au secrétariat de la Préfecture de la Seine, le constructeur pourra commencer les travaux d'après son plan, s'il ne lui a été notifié aucune injonction.

Une coupe géologique des fouilles pour fondation de bâtiments sera dressée par tout architecte constructeur, et remise à la Préfecture de la Seine.

## ART. 5.

Les façades des maisons seront constamment tenues en bon état de propreté. Elles seront grattées, repeintes ou badigeonnées au moins une fois tous les dix ans, sur l'injonction qui sera faite au propriétaire par l'autorité municipale. Les contrevenants seront passibles d'une amende qui ne pourra excéder cent francs.

## ART. 6.

Toute construction nouvelle dans une rue pourvue d'égout devra être disposée de manière à y conduire les eaux pluviales et ménagères.

La même disposition sera prise pour toute maison ancienne, en cas de grosses réparations et en tout cas avant dix ans.

## ART. 7.

Il sera statué par un décret ultérieur, rendu dans la forme des règlements d'administration publique, en ce qui concerne la hauteur des maisons, les combles et les lucarnes.

## ART. 8.

Les propriétaires riverains des voies publiques empierrées supporteront les frais de premier établissement des travaux, d'après les règles qui existent à l'égard des propriétaires riverains des rues pavées.

## ART. 9.

Les dispositions du présent décret pourront être appliquées à toutes les villes qui en feront la demande, par des décrets spéciaux rendus dans la forme des règlements d'administration publique.

## ART. 10.

Le Ministre de l'Intérieur, de l'Agriculture et du Commerce, est chargé de l'exécution du présent décret, qui sera inséré au *Bulletin des Lois.*

Fait au palais des Tuileries, le 26 mars 1852.

*Signé:* L. NAPOLÉON.

Par le prince Président:

*Le Ministre de l'Intérieur,*

*Signé:* F. DE PERSIGNY.

---

NOUS, PRÉFET DE LA SEINE,

ARRÊTONS:

Le décret du 26 mars dernier, sur la grande voirie de Paris, sera publié et affiché dans les divers quartiers de la capitale.

Les propriétaires et constructeurs sont invités à s'y conformer en ce qui les concerne.

Fait à Paris, le 27 avril 1852.

*Signé:* BERGER.

---

**Arrêté réglementaire pour l'exécution du décret du 26 mars 1852.**

19 *décembre* 1854.

LE PRÉFET DE LA SEINE,

Vu le décret du 26 mars 1852, et notamment l'art. 6, relatif à la projection directe dans les égouts publics des eaux pluviales et ménagères des maisons de Paris;

Vu le rapport des ingénieurs du service municipal,

Considérant que l'emploi de simples tuyaux en fonte, pour le drainage des maisons particulières, présente des inconvénients sérieux pour la salubrité, par suite des engorgements auxquels ils sont exposés, et pour la sûreté et la liberté de la circulation, à raison des travaux que leur entretien nécessite journellement sur la voie publique;

ARRÊTE :

### ART. 1er.

A l'avenir, la projection directe dans les égouts publics des eaux pluviales et ménagères des maisons de Paris, que prescrit l'art. 6 du décret du 26 mars 1852, aura lieu par des galeries souterraines en maçonnerie.

Ces galeries, qui seront établies et entretenues par les propriétaires, conformément aux projets dressés par les ingénieurs du service municipal et approuvés par le Préfet, auront au minimum 2 mètres 30 centimètres de hauteur sous clef, hauteur portée à 2 mètres 30 centimètres par décision préfectorale du 11 février 1858, et 1 mètre 30 centimètres de largeur aux naissances.

Chacune d'elles pourra desservir deux propriétés, à la condition d'être établie au droit du mur mitoyen. Dans tous les cas, une grille en fer établie à l'aplomb du mur de face interceptera la communication de la maison avec l'égout. Cette grille aura une serrure à deux clefs, dont l'une restera entre les mains du propriétaire et l'autre sera remise à l'administration. Voir l'arrêté modificatif en date du 25 février 1870, page 74.

### ART. 2.

Pour la ventilation permanente du canal de dérivation, il sera pratiqué, soit dans le mur mitoyen, soit dans le mur de face, une cheminée

d'appel s'ouvrant au-dessus des combles et dont la section sera de 3 décimètres carrés au moins.

## Art. 3.

En cas d'avaries, les tuyaux de drainage existant aujourd'hui seront
remplacés conformément aux prescriptions de l'art. 1er du présent
arrêté.

## Art. 4.

L'ingénieur en chef, directeur du service municipal, est chargé d'assurer l'exécution des dispositions qui précèdent, et de constater les in-
fractions qui pourront être commises.

**Arrêté modificatif de la section des branchements.**

25 *février* 1870.

Le Sénateur, Préfet du Département de la Seine, Grand-Officier de l'Ordre de la Légion d'honneur ;

Vu l'art. 6 du décret du 26 mars 1852, relatif à la projection directe dans les égouts publics des eaux pluviales et ménagères des maisons de Paris ;

Vu l'arrêté préfectoral en date du 19 décembre 1854, disposant que cette projection des eaux pluviales et ménagères aura lieu par des galeries souterraines en maçonnerie, ayant au minimum 2 mètres de hauteur sous clef et 1 mètre 30 centimètres de largeur aux naissances, lesquelles seront ventilées par une cheminée d'appel s'ouvrant au-dessus des combles et ayant une section de 10 décimètres carrés au moins, ledit arrêté portant de plus, au § 3 de l'art. 1er :

« Chacune d'elles (les galeries souterraines) pourra desservir deux pro-
« priétés, à la condition d'être établie au droit du mur mitoyen ; »

Vu la décision préfectorale en date du 11 février 1858, élevant à 2 mètres 30 centimètres au minimum la hauteur sous clef des égouts particuliers, sans modifier les autres dimensions antérieurement prescrites ;

Vu l'arrêté en date du 9 juin 1863, prescrivant l'exécution et l'entretien, par les soins de l'Administration municipale, des branchements d'égouts particuliers ;

Vu l'arrêté en date du 2 juillet 1867 (1), autorisant, sous certaines conditions, les propriétaires de maisons en bordure sur la voie publique à faire écouler les eaux vannes de leurs fosses d'aisances dans les égouts de la Ville, d'une manière directe ;

Vu le rapport de l'Inspecteur général, Directeur des Eaux et des Égouts, en date du 11 février 1870, portant proposition de modifier la section des branchements d'égouts particuliers ;

Vu le rapport présenté sur le même objet, à la date du 21 février même année, par l'Inspecteur général du Service municipal des Travaux publics ;

Arrête :

Art. 1er.

Les galeries de branchements d'égouts particuliers qui doivent être établis pour la projection directe dans les égouts publics des eaux pluviales et ména-

(1) Voir cet arrêté page 54.

gères des maisons de Paris, conformément aux projets dressés par les Ingénieurs du Service municipal et approuvés par M. le Préfet, auront dorénavant, au minimum, 1 mètre 80 centimètres de hauteur sous clef et une largeur de 90 centimètres aux naissances et de 60 centimètres au radier.

### Art. 2.

Chaque galerie ne pourra à l'avenir desservir qu'une seule propriété.

### Art. 3.

Pour les ventilations permanentes du canal de drainage, il sera pratiqué une cheminée d'appel s'ouvrant au-dessus des combles, et dont la section aura 3 décimètres carrés au moins.

### Art. 4.

L'arrêté du 19 décembre 1854 est maintenu en ce qui n'est pas contraire aux présentes prescriptions, ainsi que les diverses dispositions contenues dans les arrêtés susvisés des 9 juin 1863 et 2 juillet 1867, relativement aux branchements d'égouts particuliers.

### Art. 5.

L'Inspecteur général des Ponts et Chaussées, Directeur des Eaux et des Égouts, est chargé de l'exécution du présent arrêté, dont ampliation sera adressée à M. l'Ingénieur en chef des Eaux et des Égouts.

Fait à Paris, le 25 février 1870.

HENRI CHEVREAU.

**Décret portant règlement sur la hauteur des maisons, les combles
et les lucarnes, dans la Ville de Paris.**

27 *juillet* 1859.

NAPOLÉON, par la grâce de Dieu et la volonté nationale, Empereur des
Français, à tous présents et à venir, salut.

Sur le rapport de notre Ministre Secrétaire d'État au département de l'Intérieur ;

Vu la déclaration du 10 avril 1783 ;

Les lettres patentes du 25 août 1784 ;

Les décrets des 14 décembre 1789, 16-24 août 1790 et 19-22 juillet 1791 ;

Le décret du 26 mars 1852 (1), et notamment les art. 4 et 7, ce dernier
ainsi conçu :

« Il sera statué, par un décret ultérieur, rendu dans la forme des règle-
« ments d'Administration publique, en ce qui concerne la hauteur des mai-
« sons, les combles et les lucarnes ; »

Notre Conseil d'État entendu,

Avons décrété et décrétons ce qui suit :

## TITRE Ier.

### DE LA HAUTEUR DES BATIMENTS.

SECTION Ire. — *De la hauteur des façades des bâtiments bordant
les voies publiques.*

#### Art. 1er.

La hauteur des façades des maisons bordant les voies publiques, dans la
Ville de Paris, est déterminée par la largeur légale de ces voies publiques.

Cette hauteur, mesurée du trottoir ou du pavé, au pied des façades des
bâtiments, et prise, dans tous les cas, au milieu de ces façades, ne peut excéder, y compris les entablements, attiques et toutes les constructions à plomb
du mur de face, savoir :

Onze mètres soixante et dix centimètres pour les voies publiques au-
dessous de sept mètres quatre-vingt de largeur ;

Quatorze mètres soixante centimètres pour les voies publiques de sept
mètres quatre-vingt et au-dessus, jusqu'à neuf mètres soixante-quinze
centimètres ;

---

.(1) Xe série, *Bulletin* 514, n° 3914.

Dix-sept mètres cinquante-cinq centimètres pour les voies publiques de neuf mètres soixante-quinze centimètres et au-dessus ; -

« Toutefois, dans les rues ou boulevards de vingt mètres et au-dessus, « l'Administration municipale pourra, *en vue du raccordement et de l'harmo-* « *nie des lignes de construction,* permettre de porter la hauteur des bâtiments « jusqu'à un maximum de vingt mètres, mais à la charge par les construc- « teurs de ne faire, en aucun cas, au-dessus du rez-de-chaussée, plus de cinq « étages carrés, entre-sol compris (1). »

## Art. 2.

Les façades qui seront construites sur la voie publique, soit en retraite de l'alignement, soit à fruit ou de toute autre manière, ne peuvent être élevées qu'à la hauteur déterminée pour les maisons construites à l'alignement.

## Art. 3.

Tout bâtiment situé à l'encoignure de deux voies publiques d'inégale largeur peut, par exception, être élevé du côté de la rue la plus étroite, jusqu'à la hauteur fixée pour la plus large.

Toutefois, cette exception ne s'étendra, sur la voie la plus étroite, que jusqu'à concurrence de la profondeur du corps de bâtiment ayant face sur la voie la plus large, soit que ce corps de bâtiment soit simple ou double en profondeur.

Cette disposition exceptionnelle ne peut être invoquée que pour les bâtiments construits à l'alignement déterminé pour les deux voies publiques.

## Art. 4.

. Pour les bâtiments autres que ceux dont il est parlé en l'article précédent, et qui occupent tout l'espace compris entre deux voies d'inégale largeur ou de niveau différent, chacune des deux façades ne peut dépasser la hauteur fixée en raison de la largeur ou du niveau de la voie publique sur laquelle chaque façade sera située.

Toutefois, lorsque la plus grande distance entre les deux façades n'excède pas quinze mètres, la façade bordant la voie publique la moins large ou du niveau le plus bas peut, par exception, être élevée à la hauteur fixée pour la rue la plus large ou du niveau le plus élevé.

---

(1) Modification introduite par le décret du 1er août 1864.

SECTION II. — *De la hauteur des bâtiments situés en dehors des voies publiques.*

## ART. 5.

Les bâtiments situés en dehors des voies publiques, dans les cours et espaces intérieurs, ne peuvent excéder, sur aucune de leurs faces, la hauteur de dix-sept mètres cinquante-cinq centimètres, mesurée du sol.

L'Administration peut, toutefois, autoriser, par exception, des constructions plus élevées pour des besoins d'art, de science ou d'industrie.

Dans ces cas exceptionnels, elle fixe les dimensions, la forme et le mode de construction de ces surélévations.

SECTION III. — *De la hauteur des étages.*

## ART. 6.

Dans tous les bâtiments, de quelque nature qu'ils soient, il ne peut être exigé, en exécution de l'art. 4 du décret du 26 mars 1852, une hauteur d'étage de plus de deux mètres soixante centimètres.

Pour l'étage dans le comble, cette hauteur s'applique à la partie la plus élevée du rampant.

# TITRE II.

### DES COMBLES.

SECTION Ire. — *Des combles au-dessus des façades élevées au maximum de la hauteur légale.*

## ART. 7.

Le faîtage du comble ne peut excéder une hauteur égale à la moitié de la profondeur du bâtiment, y compris les saillies et corniches.

Le profil du comble, sur la façade du côté de la voie publique, ne peut dépasser une ligne inclinée à quarante-cinq degrés, partant de l'extrémité de la corniche ou de l'entablement.

## ART. 8.

Sur les quais, boulevards, places publiques et dans les voies publiques, de quinze mètres au moins de largeur, ainsi que dans les cours et espaces intérieurs en dehors de la voie publique, la ligne droite inclinée à quarante-cinq degrés dans le périmètre indiqué ci-dessus peut être remplacée par un quart de cercle dont le rayon ne peut excéder la hauteur fixée par l'art. 7.

La saillie de l'entablement sera laissée en dehors du quart de cercle.

### Art. 9.

Les combles des bâtiments situés à l'angle d'une voie publique de quinze mètres au moins de largeur et d'une voie publique de moins de quinze mètres, peuvent, par exception, être établis sur cette dernière voie suivant le périmètre déterminé par l'art. 8, mais seulement dans la même profondeur que celle fixée par l'art. 3.

### Art. 10.

Dans les cas prévus par les trois articles précédents, les reliefs de chéneaux et membrons ne doivent pas excéder la ligne inclinée à quarante-cinq degrés partant de l'extrémité de l'entablement, ou le quart de cercle qui, dans le cas prévu par l'art. 8, peut remplacer cette ligne.

### Art. 11.

Les murs de dossier et les tuyaux de cheminée ne pourront percer la ligne rampante du comble qu'à un mètre cinquante centimètres mesurés horizontalement du parement extérieur d'un mur de face, ni s'élever à plus de soixante centimètres au-dessus du faîtage.

### Art. 12.

La face extérieure des lucarnes doit être placée en arrière du parement extérieur du mur de face donnant sur la voie publique et à une distance d'au moins trente centimètres.

Elles ne peuvent s'élever, compris leur toiture, à plus de trois mètres au-dessus de la base des combles.

Leur largeur ne peut excéder un mètre cinquante centimètres hors œuvre.

Les jouées de ces lucarnes doivent être parallèles entre elles.

Les intervalles auront au moins un mètre cinquante centimètres, quelle que soit la largeur des lucarnes.

La saillie de leurs corniches, égouts compris, ne doit pas excéder quinze centimètres.

Il peut être établi un second rang de lucarnes, en se renfermant dans le périmètre déterminé par les art. 7 et 8.

## SECTION II. — *Des combles au-dessus des façades élevées à une hauteur moindre que la hauteur légale.*

### Art. 13.

Les combles au-dessus des façades qui ne seraient pas élevés au maximum de hauteur déterminé dans le titre I<sup>er</sup>, peuvent dépasser le périmètre fixé par l'art. 7 ; mais ils ne doivent pas toutefois, ainsi que leurs chéneaux, membrons, lucarnes et murs de dossier, excéder le périmètre général des bâtiments, fixé, tant pour les façades que pour les combles, par les dispositions du titre I<sup>er</sup> et de la première section du présent titre.

### Art. 14.

Les dispositions du présent titre sont applicables à tous les bâtiments placés ou non sur la voie publique.

## TITRE III.

### DISPOSITIONS TRANSITOIRES.

### Art. 15.

Les murs de face, les combles, les lucarnes, dont l'élévation et la forme excèdent actuellement celles ci-dessus prescrites, ne peuvent être réconfortés ni reconstruits qu'à la charge de se conformer aux dispositions qui précèdent.

Toutefois, l'interdiction de réconforter les bâtiments situés en dehors des voies publiques dans les cours et espaces intérieurs, ne sera appliquée à ces bâtiments qu'à l'expiration d'un délai de vingt ans, à partir de la promulgation du présent décret.

## TITRE IV.

### DISPOSITIONS DIVERSES.

### Art. 16.

Les dispositions du présent décret ne sont pas applicables aux édifices publics.

### Art. 17.

Les dispositions des règlements, ordonnances et autres actes qui seraient contraires au présent décret, sont et demeurent rapportées.

### Art. 18.

Notre Ministre Secrétaire d'État au département de l'Intérieur est chargé de l'exécution du présent décret.

Fait au palais de Saint-Cloud, le 27 juillet 1859.

*Signé* : NAPOLÉON.

Par l'Empereur :

*Le Ministre Secrétaire d'État au département de l'Intérieur,*
*Signé :* Duc de Padoue.

### Décret sur la hauteur des Maisons.

#### 1<sup>er</sup> *août* 1864.

NAPOLÉON, par la grâce de Dieu et la volonté nationale, Empereur des Français, à tous présents et à venir, salut;

Sur le rapport de notre Ministre secrétaire d'État au département de l'Intérieur;

Vu le décret-loi du 26 mars 1852 relatif aux rues de Paris;

Vu notre décret du 27 juillet 1859 portant règlement d'administration publique sur la hauteur des maisons et la forme des combles dans la même ville, et notamment l'article 1<sup>er</sup>, 6° §, ainsi conçu :

« Toutefois, dans les rues ou boulevards de 20 mètres et au-dessus, la
« hauteur des bâtiments peut être portée jusqu'à 20 mètres, mais à la charge
« par les constructeurs de ne faire, en aucun cas, au-dessus du rez-de-chaus-
« sée, plus de cinq étages carrés, entre-sol compris. »

L'avis du Sénateur, Préfet de la Seine,

Notre Conseil d'État entendu;

AVONS DÉCRÉTÉ ET DÉCRÉTONS ce qui suit :

#### ART. 1<sup>er</sup>.

La disposition ci dessus visée de notre décret du 27 juillet 1859 est remplacée par la disposition suivante :

« Toutefois, dans les rues ou boulevards de 20 mètres et au-dessus, l'Ad-
« ministration municipale pourra, *en vue du raccordement et de l'harmonie*
« *des lignes de construction*, permettre de porter la hauteur des bâtiments
« jusqu'à un maximum de 20 mètres, mais à la charge par les constructeurs
« de ne faire, en aucun cas, au-dessus du rez-de-chaussée, plus de cinq
« étages carrés, entre-sol compris. »

#### ART. 2.

Notre Ministre d'État au département de l'intérieur est chargé de l'exécution du présent décret.

Fait à Vichy, le 1<sup>er</sup> août 1864.

NAPOLÉON.

Par l'Empereur:

*Le Ministre secrétaire d'État au département
de l'Intérieur,*

*Signé* : BOUDET.

**Autre décret sur la hauteur des maisons dans Paris.**

(Modification des décrets des 27 juillet 1859 et 1er août 1864.)

8 *juin* 1872.

Le Président de la République française,

Sur le rapport du Ministre de l'Intérieur,

Vu le décret du 26 mars 1852, relatif aux rues de Paris, et notamment les art. 4 et 7, ce dernier ainsi conçu :

« Il sera statué, par un décret ultérieur, rendu dans la forme des règle-
« ments d'administration publique, en ce qui concerne la hauteur des
« maisons, les combles et les lucarnes. »

Vu le décret du 27 juillet 1859, portant règlement d'administration publique sur la hauteur des maisons, les combles et les lucarnes, dans la même ville ;

Vu le décret du 1er août 1864, aux termes duquel l'art. 1er, § 6 du décret du 27 juillet 1859 est remplacé par la disposition suivante :

« Toutefois, dans les rues ou boulevards de vingt mètres de largeur et
« au-dessus, l'administration municipale pourra, en vue du raccordement et
« de l'harmonie des lignes de construction, permettre de porter la hauteur
« des bâtiments jusqu'au maximum de vingt mètres, mais à la charge, par les
« constructeurs de ne faire, en aucun cas, au-dessus du rez-de-chaussée,
« plus de cinq étages carrés, entre-sol compris » ;

Vu la délibération du Conseil Municipal de Paris, du 22 janvier 1872 ;

Vu l'avis du Préfet de la Seine;

La Commission provisoire, chargée de remplacer le Conseil d'État, entendue,

DÉCRÈTE :

ART. 1er.

Les propriétaires d'immeubles en façade sur les rues et boulevards de vingt mètres de largeur et au-dessus, auront le droit de construire à la hauteur maxima de vingt mètres, sous les conditions ci-après :

1° Il ne peut être fait, en aucun cas, au-dessus du rez-de-chaussée, plus de cinq étages carrés, entre-sol compris ;

2° Dans chaque construction élevée à la hauteur de vingt mètres, il est ménagé une cour d'une surface de quarante mètres, et dont le plus petit côté doit avoir au moins quatre mètres.

Cette dernière disposition n'est pas applicable aux terrains prenant façade sur deux rues et d'une dimension telle qu'il ne peut y être élevé qu'un seul corps de bâtiment double en profondeur et occupant tout l'espace compris entre les deux voies.

En dehors de ce cas, si la dimension et la configuration du terrain ne permettent pas de ménager, dans la propriété, une cour de quarante mètres, la construction ne peut être élevée à la hauteur de vingt mètres qu'avec l'autorisation de l'administration municipale.

### Art. 2.

Quelle que soit la hauteur des maisons à construire, la surface des cou-rettes ne peut, en aucun cas, être inférieure à quatre mètres. Le plus petit côté doit avoir au moins 1$^m$,60.

Les courettes ne peuvent servir à éclairer ni à aérer aucune pièce à usage de chambre à coucher, si ce n'est au dernier étage de la maison.

### Art. 3.

Le décret du 1$^{er}$ août 1864 est rapporté.

Le décret du 27 juillet 1859 est maintenu en ce qui n'est pas contraire au présent décret.

### Art. 4.

Le Ministre de l'Intérieur est chargé de l'exécution du présent décret.

Fait à Versailles, le 18 juin 1872.

*Signé* : A. THIERS.

*Le Ministre de l'Intérieur,*

*Signé* : Victor LEFRANC.

**Arrêté concernant la construction des Tuyaux de fumée dans l'intérieur des Maisons de Paris.**

8 *août* 1874.

Le Préfet du département de la Seine,

Vu le décret du 26 mars 1852 portant, article 4, § 1er.

« Il (*le constructeur*) devra adresser à l'Administration un plan et des
« coupes cotés des constructions qu'il projette et se soumettre aux prescrip-
« tions qui lui seront faites dans l'intérêt de la salubrité et de la sécurité
« publiques; »

Vu l'ordonnance du 11 décembre suivant sur les prescriptions à suivre
dans la construction des tuyaux de cheminée;

Vu l'arrêté préfectoral du 28 juillet 1873, qui institue une Commission
spéciale pour rechercher, étudier et proposer les modifications qu'il convient
d'apporter aux règlements en vigueur concernant l'établissement des tuyaux
de fumée dans l'intérieur des maisons ;

Vu le projet de réglementation présenté par la Commission dont il s'agit;

Arrête :

### Art. 1er.

Il est interdit, d'une manière absolue, de pratiquer des foyers ou des conduits de fumée dans les murs mitoyens et dans les murs séparatifs de deux
maisons contiguës, qu'elles appartiennent ou non au même propriétaire.

### Art. 2.

Il est permis de pratiquer des conduits de fumée dans l'intérieur des murs
de refend en moellons ayant au moins 40 centimètres d'épaisseur et dans
les murs en briques ayant au moins 37 centimètres d'épaisseur, enduits
compris.

### Art. 3.

Les conduits de fumée engagés dans ces murs ne pourront être exécutés
qu'en briques ou avec des matériaux en terre cuite pouvant se relier au
moyen de harpes courtes et longues avec les matériaux constitutifs du mur.

Il est absolument interdit de se servir, pour cet usage, de boisseaux ou pots en terre cuite ou en plâtre, et de pigeonner ces conduits avec des moules dans l'intérieur des murs.

### ART. 4.

Entre la paroi intérieure des tuyaux engagés dans les murs et le tableau des baies pratiquées dans ces murs, il sera toujours réservé un dosseret de maçonnerie pleine ayant au moins 45 centimètres d'épaisseur, enduits compris.

Cette épaisseur pourra être réduite à 25 centimètres, à la condition que le dosseret soit construit en pierre de taille dure ou en briques de bonne qualité.

### ART. 5.

Tout conduit de fumée présentant une section intérieure de moins de 60 centimètres de longueur sur 25 centimètres de largeur devra avoir, au minimum, une section de 4 décimètres carrés; le petit côté des tuyaux rectangulaires n'aura pas moins de 20 centimètres et le grand côté ne pourra dépasser le petit de plus d'un quart. Les angles intérieurs seront arrondis sur un rayon de 5 centimètres au moins, et ces parties retranchées seront comptées dans la section.

### ART. 6.

Les tuyaux de cheminée non engagés dans les murs ne seront autorisés que s'ils sont adossés à des piles en maçonnerie ou à des murs en moellons ayant au moins 40 centimètres d'épaisseur, enduits compris, ou à des murs en briques ayant au moins 22 centimètres d'épaisseur ou, dans le dernier étage, à des cloisons en briques de 11 centimètres d'épaisseur.

Ils devront être solidement attachés au mur tuteur.

Ceux qui présenteront une section de 60 centimètres de longueur sur 25 centimètres de largeur pourront être en plâtre pigeonné à la main.

Ceux de dimensions moindres devront, à moins d'une autorisation spéciale, être construits soit en briques, soit en terre cuite et recouverts en plâtre.

### ART. 7.

L'épaisseur des languettes, parois et costières des tuyaux engagés dans les murs ou adossés ne pourra jamais être inférieure à 8 centimètres, enduits compris.

### ART. 8.

Les tuyaux de cheminée ne pourront dévier de la verticale de manière à former avec elle un angle de plus de 30 degrés.

Ils devront avoir une section égale dans toute leur hauteur et seront facilement accessibles à leur partie supérieure.

## Art. 9.

Ne sont pas assujettis aux prescriptions de construction indiquées dans les articles précédents, notamment en ce qui concerne la nature des matériaux à employer : 1° les tuyaux de fumée placés à l'extérieur des habitations; 2° les tuyaux des foyers mobiles ou à flamme renversée, pourvu que ces tuyaux ne sortent pas du local où est le foyer; 3° enfin les tuyaux de fumée d'usine, autant qu'ils ne traversent pas d'habitation.

## Art. 10.

Ampliation du présent arrêté sera adressée à M. l'Inspecteur général des Ponts et Chaussées, directeur des Travaux de Paris, qui est chargé d'en assurer l'exécution.

Fait à Paris, le 8 août 1874.

*Signé* : FERDINAND DUVAL.

**Nouveau tarif de Perception.**

28 *juillet* 1874.

Le Président de la République Française,

Sur le rapport du Ministre de l'intérieur,

Vu le Mémoire présenté par le Préfet de la Seine au Conseil municipal de Paris ;

Vu les délibérations dudit Conseil en date des 27 et 30 décembre 1872, et les autres pièces de l'affaire ;

Vu le décret du 27 octobre 1808 et l'ordonnance royale du 24 décembre 1823 ;

Le Conseil d'État entendu,

Décrète :

### Art. 1er.

A partir de la publication du présent décret, les droits de voirie dans la ville de Paris pour délivrances d'alignements, permissions de construire ou de réparer et autres permis de toute espèce qui se requièrent en grande ou en petite voirie, seront perçus conformément aux tarifs ci-après.

### Art. 2.

Le décret du 27 octobre 1808 et les tarifs qui y sont annexés sont rapportés en ce qu'ils ont de contraire au présent décret.

### Art. 3.

Le Ministre de l'intérieur est chargé de l'exécution du présent décret.

Fait à Versailles, le 28 juillet 1874.

*Signé* : Maréchal de MAC-MAHON.

Par le Président de la République :

*Le Ministre de l'intérieur,*

*Signé* : Général de Chabaud La Tour.

# DÉCRET DU 28 JUILLET 1874.

---

**Tarif des droits pour la grande et la petite voirie.**

---

| DÉNOMINATIONS. | DROIT FIXE. | DROIT AU MÈTRE LINÉAIRE. | DROIT AU MÈTRE SUPERFICIEL. | OBSERVATIONS. |
|---|---|---|---|---|
| | fr. c. | fr. c. | fr. c. | |
| *Section I<sup>re</sup>. — Travaux neufs.* | | | | |
| CONSTRUCTION. — 1° D'un bâtiment................ | » » | 2 » | » » | Mesuré sur la longueur totale du rez-de-chaussée. |
| | » » | » » | 1 » | Mesuré sur le produit de la hauteur moyenne de la face par la longueur totale. |
| 2° D'un mur de clôture ou d'une grille.......... | » » | 2 » | » » | La taxe à percevoir au moins superficiel pour la construction des bâtiments est réduite de moitié pour les façons en portions de façade construites en moellons ou en pans de bois avec produits en plâtre, sans la réserve du droit de l'Administration de refuser l'autorisation de construire des façades de cette nature qui présenteraient des dangers au point de vue des incendies ou de la sécurité publique. |
| 3° D'une clôture en planches, en treillage, ou toute autre clôture légère.......... | 1 » | » 50 | » » | |
| BAIE.......................... | 1 » | » » | » » | Il est expliqué qu'il ne s'agit ici que des clôtures à demeure fixe et non des clôtures dites provisoires servant à enclorer momentanément une fouille, un atelier de construction, etc. |
| BALCON. — (Grand) dépassant 0<sup>m</sup>,28 de saillie........ | » » | 20 » | » » | Dans n'importe quelle partie d'un mur ou d'un bâtiment neuf en arrière et quelles que soient ses dimensions, aussi bien dans les étages d'étiage ou en retraite qui se trouvent dans un plan vertical au-dessus de l'entablement, que dans les étages au-dessous de l'entablement. |
|    (Petit) ne dépassant pas 0<sup>m</sup>,22 de saillie........ | » » | 10 » | » » | Mesuré sur la longueur du balcon non compris les retours. |
| BALCON D'APPUI, GARDE-FOU........ | » » | 5 » | » » | |
| BARRIÈRE PROVISOIRE........ | » » | » 50 | » » | Il s'agit ici des barres d'appui placées au droit des croisées avec une très-faible saillie et complètes ajourée ou non ouverte en fonte ou en fer qui garnit le vide dans la partie inférieure. |
| *Section II. — Travaux modifiant les constructions existantes.* | | | | » 50 (par trim.) | Ce droit s'applique à la superficie du sol de la voie publique temporairement occupé. Il est valable pour un trimestre et renouvelable; le trimestre, considéré comme unité, toujours exigible. |
| SURÉLÉVATION d'un bâtiment........ | » » | » » | 1 » | Mesuré sur le produit de la surélévation par la longueur totale de la partie surélevée. |
|    — d'un mur de clôture........ | » » | 1 » | » » | |
| CHAPERON........ | » » | 1 » | » » | |
| CONVERSION d'un mur de clôture en mur de face d'un bâtiment........ | » » | » » | » » | Le dépassement d'un mur pour la conversion en mur bahut, orné d'une grille, donne lieu à la perception du droit complet d'alignement. (Voir construction d'un bâtiment neuf, sauf la déduction du droit d'alignement déjà perçu.) |
| RAVALEMENT. — Entier........ | 20 » | » » | » » | Non compris le droit d'échafaud. |
|    Partiel........ | 10 » | » » | » » | Ne sera considérée comme partie du ravalement donnant lieu à la taxe que celle qui atteindra un mètre superficiel. |
| BAIE ouverte après coup ou agrandie : | | | | | |
| 1° Dans un bâtiment, au rez-de-chaussée, de 2<sup>m</sup>,00 et plus........ | 20 » | » » | » » | Droit de poitrail non compris. |
| 2° Dans un bâtiment, au rez-de-chaussée, de 0<sup>m</sup>,80 à 2<sup>m</sup>,00........ | 10 » | » » | » » | Droit de linteau ou fermeture non compris. |
| 3° Dans un bâtiment, au-dessus du rez-de-chaussée, de 0<sup>m</sup>,80 et au-dessus........ | 10 » | » » | » » | |
| 4° Dans un mur de clôture, Baie de porte charretière ou cochère........ | 15 » | » » | » » | 3 » |
| 5° Dans un mur de clôture, Baie de porte bâtarde........ | 10 » | » » | » » | |
| BAIE de moins de 0<sup>m</sup>,80 (dans sa plus grande dimension)........ | 10 » | » » | » » | Compris le droit de linteau ou fermeture. |
| POITRAIL, ou toute fermeture de baie, de 2<sup>m</sup>,00 et au-dessus (soit en bâtiment, soit en mur de clôture)........ | 20 » | » » | » » | |
| LINTEAU, ou toute fermeture de baie, plate-bande, arc en pierre, etc., de 0<sup>m</sup>,80 à 2<sup>m</sup>,00 (soit en bâtiment, soit en mur de clôture)........ | 10 » | » » | » » | Dans les murs de clôture, les poteaux en bois seront considérés comme dosserets. |
| PIED-DROIT, DOSSERET (soit en bâtiment, soit en mur de clôture) à rez-de-chaussée, pour baie de 2<sup>m</sup>,00 et au-dessus........ | 20 » | » » | » » | Ces droits ne seront dus que pour le cas où les pieds-droits ou dosserets seront véritablement construits dans une largeur excédant 10 centimètres. Lorsque le constructeur, après avoir ouvert une baie, ne fera pas autre chose que d'en dresser les tableaux et de céder par conséquent des dosserets dans la maçonnerie ancienne, sous rien n'ajouter, la taxe ne sera pas appliquée. |
|    (soit en bâtiment, soit en mur de clôture) à rez-de-chaussée, pour une baie de moins de 2<sup>m</sup>,00........ | 10 » | » » | » » | |
| REPRISE dans la face d'un bâtiment. — TRUMEAU construit au rez-de-chaussée. — BOUCHEMENT de baie........ | » » | » » | 3 » | Mesuré sur la superficie de l'ouvrage effectué. |
| POINT D'APPUI intermédiaire, au rez-de-chaussée. — PILE, COLONNE, POTEAU, JAMBE ÉTRIÈRE........ | 20 » | » » | » » | Pour chaque objet. |
| ÉCHAFAUD........ | » » | 1 » | » » | Mesuré sur la longueur de face de la partie du bâtiment échafaudé. Les échafauds volants ne sont pas taxés. Ne sont pas taxés non plus les échafauds placés à l'intérieur d'une barrière provisoire. Ces droits ne comprennent pas celui qui sera dû pour l'échafaud. |
| ENTABLEMENT, CORNICHE. — Réfection entière........ | 20 » | » » | » » | |
|    — Réfection partielle........ | 10 » | » » | » » | Comptés par chaque groupe d'étais, par chaque chevalement, par chaque ensemble de contre-fiches réunies par des moises. |
| ÉTAIS........ | 5 » | » » | » » | |

| DÉNOMINATIONS. | DROIT FIXE. | DROIT AU MÈTRE LINÉAIRE. | DROIT AU MÈTRE SUPERFICIEL. | OBSERVATIONS. |
|---|---|---|---|---|
| | fr. c. | fr. c. | fr. c. | |
| **Section Ire. — Saillies considérées comme fixes.** | | | | |
| APPUI DE CROISÉE, TABLETTE le plus ordinairement en bois, posée au-dessus du soubassement d'une baie et ne dépassant pas 0m,16 de saillie............ | 5 » | » » | » » | |
| BARREAUX OU GRILLE AU DROIT D'UNE CROISÉE............ | 10 » | » » | » » | |
| CHARDON OU HERSE............ | 5 » | » » | » » | |
| TUYAU DE DESCENTE............ | 10 » | » » | » » | |
| CROISÉE EN SAILLIE, VOLET, PERSIENNE............ | 5 » | » » | » » | Un volet fermant une baie tout entière doit la totalité du droit; deux volets réunis pour clore une même baie, formant une paire, ne payeront qu'un seul droit. |
| JALOUSIE............ | 20 » | » » | » » | |
| MOULURES EN MENUISERIE formant cadre ou chambranle............ | 5 » | » » | » » | |
| **Section II. — Saillies considérées comme mobiles.** | | | | |
| ABAT-JOUR. — Appareil placé au devant d'une baie pour modifier l'introduction de la lumière............ | 10 » | » » | » » | |
| RÉFLECTEUR. — Appareil disposé au-dessus des baies pour y faire affluer plus de lumière............ | 10 » | » » | » » | |
| BALDAQUIN, MARQUISE, TRANSPARENT............ | » » | 4 » | » » | |
| BANNE............ | » » | 2 » | » » | Sont considérés comme bannes et taxés comme telles, les stores qui s'étendent devant les larges baies ouvertes le plus souvent dans la hauteur des entre-sol. |
| STORE, en élévation, posé au droit d'une seule croisée et se développant en saillie............ | 5 » | » » | » » | |
| BORNE............ | 5 » | » » | » » | Mesurée sur la projection horizontale. Ne sont pas considérées comme grandes marquises les grandes tentures en saillie disposées exceptionnellement, les jours de fête, devant les boutiques et portes cochères. |
| GRANDE MARQUISE ayant plus de 0m,80 de saillie............ | » » | 5 » | » » | |
| DEVANTURE DE BOUTIQUE. — Distinction faite du seuil............ | » » | 5 » | » » | |
| SOCLE OU SEUIL. — Parpaing recevant une devanture............ | » » | 2 » | » » | Mesuré entre les deux points extrêmes de la saillie. |
| TABLEAU D'ENSEIGNE DE BOUTIQUE sous corniche en bois ou en pierre... | » » | 2 » | » » | |
| DEVANTURE EN RÉPARATION. — Toute réparation ou renouvellement de châssis, porte, tableau, caisson ou soubassement............ | 5 » | » » | » » | |
| PAREMENT DE DÉCORATION. — Lambris appliqués sur les murs ou élévation............ | » » | 5 » | » » | Ces lambris sont appliqués le plus souvent au-dessus des devantures de boutique et leur saillie est limitée, par les termes de l'ordonnance royale de 1823, à l'épaisseur du bois, et, par l'usage à 0m,06. |
| ÉTALAGE............ | 20 » | » » | » » | Il est bien entendu qu'il ne s'agit ici que des étalages placés sur le mur bordant la voie publique et ne dépassant pas 0m,16 de saillie. |
| MONTRE OU VITRINE............ | 10 » | » » | » » | |
| ENSEIGNE, TABLEAU-ENSEIGNE, ATTRIBUTS, ÉCUSSON............ | 5 » | » » | » » | |
| ENSEIGNES DÉCOUPÉES. — Lettres appliquées sur les balcons............ | 10 » | » » | » » | Comptées pour une enseigne complète, quel que soit le nombre de mots. |
| GRAND TABLEAU. — Frises courantes portant enseigne............ | » » | 1 » | » » | |
| MARCHE, SEUIL............ | » » | » » | » » | |
| PILASTRES, CAISSONS ISOLÉS (en menuiserie)............ | 5 » | » » | » » | |
| LANTERNE............ | 5 » | » » | » » | Sera considéré comme lanterne isolée chaque appareil, soit directement sur le nu d'un mur ou d'une devanture, soit sur une tringle courante et consistant en support, conduite ou tringle avec globe, verre ou réducteur. |
| RAMPE ET APPAREIL D'ILLUMINATION formant une saillie spéciale, composé de tubes droits ou recourbés et sur lesquels sont greffés de petits brûleurs avec ou sans globe............ | » » | 1 » | » » | Mesurées sur la projection horizontale. Les rampes posées sur des objets en saillie, corniches, moulures, etc., et ne formant point par elles-mêmes une saillie spéciale au devant aucun droit. Les appareils formant une enseigne, un attribut, un chiffre, etc., seront considérés comme des enseignes, des attributs, etc., et taxés comme tels. |
| ÉCHOPPE. — Construction mobile, non scellée, posée sur le sol de la voie publique............ | » » | » » | » » | Droit proportionnel à la surface occupée et à la valeur du terrain. La valeur du terrain est déterminée par le Conseil municipal. |

LE Préfet du Département de la Seine,

Vu le décret en date du 28 juillet 1874 portant révision des droits de grande et de petite voirie pour la ville de Paris,

ARRÊTE :

ART. 1er.

Le nouveau tarif des droits de voirie, dans Paris, est rendu exécutoire à partir du 1er septembre 1874.

ART. 2.

Le présent arrêté sera immédiatement imprimé et placardé dans Paris, et inséré, en outre, au *Recueil des actes administratifs de la Préfecture.*

Fait à Paris, le 25 août 1874.

*Signé* : FERDINAND DUVAL.

# VOIE PUBLIQUE.

## Ordonnance de Police concernant les neiges et les glaces.

### 14 *décembre* 1851.

Nous, Préfet de Police,

Vu l'art 471 du Code pénal ;

Vu les art. 2 et 22 de l'arrêté du Gouvernement du 12 messidor an VIII (1er juillet 1800) ;

Vu l'ordonnance de police du 24 décembre 1850, concernant les neiges et glaces ;

Considérant qu'il importe de prendre des mesures pour faire opérer avec célérité l'enlèvement des glaces et neiges et pour assurer la propreté et la libre circulation de la voie publique ;

Considérant que ces mesures ne peuvent produire des résultats satisfaisants qu'autant que les habitants concourent, en ce qui les concerne, à leur exécution, et remplissent les obligations qui leur sont imposées dans l'intérêt de tous.

Ordonnons ce qui suit :

### Art. 1er.

Dans les temps de glaces, les propriétaires ou locataires sont tenus de faire casser les glaces au devant de leurs maisons, boutiques, cours, jardins et autres emplacements, jusqu'au milieu de la rue ; ils mettront les glaces en tas, savoir :

Dans les rues à chaussée bombée, le long des ruisseaux, du côté de la chaussée ;

Dans les rues à chaussée fendue, le long des trottoirs.

Ils feront également balayer et relever les neiges, lorsqu'ils y seront invités par les commissaires de police et les autres agents de l'Administration.

### Art. 2.

Ils feront, en outre, gratter et nettoyer les trottoirs ou parties de voie publique correspondantes de manière à prévenir les accidents et assurer la circulation.

Ils feront, chaque jour, dégager les gargouilles établies sous ces trottoirs des glaces ou de tous autres objets qui pourraient gêner l'écoulement des eaux.

### Art. 3.

En cas de verglas, ils jetteront au devant de leurs habitations, et jusque sur les chaussées, des cendres, du sable ou du mâchefer.

### Art. 4.

Dans les rues à chaussée bombée, chaque propriétaire ou locataire doit tenir libre le cours du ruisseau au devant de sa maison, sur une largeur de 50 centimètres au moins, et faciliter l'écoulement des eaux.

Dans les rues à chaussée fendue, il y pourvoira conjointement avec le propriétaire ou locataire qui lui fait face.

### Art. 5.

Il est défendu de déposer des neiges et glaces sur les tampons et auprès des grilles et des bouches d'égouts.

Il est également défendu de pousser dans les égouts les neiges et glaces congelées qui, au lieu de fondre, interceptent l'écoulement des eaux.

### Art. 6.

Il est interdit de déposer dans les rues aucunes neiges et glaces provenant des cours ou de l'intérieur des habitations.

### Art. 7.

Les propriétaires et chefs d'établissements, soit publics, soit particuliers, qui emploient beaucoup d'eau, ne doivent pas laisser couler sur la voie publique les eaux de ces établissements pendant les gelées.

La même interdiction est faite aux concessionnaires des eaux de la Ville.

Les contrevenants seront tenus de faire briser et enlever les glaces formées par leurs eaux, jusqu'aux bouches d'égout les plus voisines; faute par eux d'opérer ce bris et cet enlèvement, il y sera procédé d'office et à leur frais, sans préjudice des peines encourues.

### Art. 8.

Il est expressément défendu de former des glissoires sur les boulevards, les places et autres parties de la voie publique.

### Art. 9.

Les concierges, portiers, ou gardiens des établissements publics, sont personnellement responsables de l'exécution des dispositions ci-dessus, en ce qui concerne ces établissements.

### Art. 10.

Il n'est point dérogé aux dispositions de l'ordonnance concernant le balayage et la propreté de la voie publique.

Ces dispositions continueront de recevoir leur exécution, notamment celles qui interdisent les dépôts de gravois et décombres.

### Art. 11.

Les contraventions aux injonctions ou défenses faites par la présente ordonnance seront constatées par des procès-verbaux ou rapports, et les contrevenants seront traduits, s'il y a lieu, devant les tribunaux, pour être punis conformément aux lois et règlements en vigueur.

### Art. 12.

L'ordonnance du 24 décembre 1850 est rapportée.

### Art. 13.

La présente ordonnance sera publiée et affichée.

Les commissaires de police, le chef de la police municipale, l'inspecteur général de la salubrité, les officiers de paix et autres préposés de l'administration, assureront l'exécution de ladite ordonnance.

*Le Préfet de Police,*
DE MAUPAS.

**Ordonnance de police concernant le balayage et la propreté de la voie publique et le transport des matières insalubres.**

1er *Septembre* 1853.

Nous, Préfet de Police,

Vu l'ordonnance du 5 novembre 1846, concernant le balayage et la propreté de la voie publique et le transport des matières insalubres;

Vu l'art. 3 du titre II de la loi des 16-24 août 1790.

Vu les art. 2 et 22 de l'arrêté du Gouvernement du 1er juillet 1800 (12 messidor an VIII);

Vu l'art. 471 du Code pénal;

Considérant qu'il est utile de rappeler aux habitants les obligations qui leur sont imposées dans l'intérêt de la propreté et de la salubrité de la voie publique, et qu'il importe d'introduire dans les règlements existants, les améliorations dont l'expérience a fait reconnaître le besoin;

Ordonnons ce qui suit :

## TITRE 1er.

### BALAYAGE DE LA VOIE PUBLIQUE ET NETTOIEMENT DES TROTTOIRS, DES RUISSEAUX, DES DEVANTURES DE BOUTIQUES ET DES ABORDS DES BATIMENTS EN CONSTRUCTION, ATELIERS OU CHANTIERS DES TRAVAUX.

### ART. 1er.

Les propriétaires ou locataires sont tenus de faire balayer complétement, chaque jour, sauf les cas prévus par l'art. 3 ci-après, la voie publique au devant de leurs maisons, boutiques, cours, jardins et autres emplacements.

Le balayage sera fait jusqu'aux ruisseaux, dans les rues à chaussée fendue.

Dans les rues à chaussée bombée et sur les quais, le balayage sera fait jusqu'au milieu de la chaussée.

Le balayage sera également fait sur les contre-allées des boulevards jusqu'aux ruisseaux des chaussées.

Les boues et immondices seront mises en tas; ces tas devront être placés de la manière suivante, selon les localités, savoir :

Dans les rues sans trottoirs, entre les bornes; dans les rues à trottoirs, le long des ruisseaux, du côté de la chaussée, si la rue est à chaussée bombée;

et le long des trottoirs, si la rue est à chaussée fendue; sur les boulevards, au bord des trottoirs, du côté de la chaussée.

Dans tous les cas, les tas devront être placés à une distance d'au moins deux mètres des grilles ou des bouches d'égouts.

Nul ne pourra pousser les boues et immondices devant les propriétés de ses voisins.

### ART. 2.

Le balayage sera fait entre cinq heures et six heures du matin, depuis le 1er avril jusqu'au 30 septembre, et entre six heures et sept heures du matin, du 1er octobre au 31 mars.

En cas d'inexécution, le balayage sera *fait d'office*, aux frais des contrevenants.

Sauf les cas prévus par les art. 7, 13, 20 ci-après, il est interdit à toute personne étrangère à l'Administration municipale, de balayer ou de faire balayer la voie publique en dehors des heures ci-dessus fixées.

### ART. 3.

Lorsque des travaux de pavage auront été exécutés, le balayage quotidien prescrit par l'art. 1er, sera suspendu sur les parties de la voie publique où ces travaux auront été opérés.

En ce qui concerne le pavage neuf et les relevés à bout, c'est-à-dire les pavages entièrement refaits, le balayage ne sera repris que quinze jours après l'achèvement des travaux, lorsque les entrepreneurs de la Ville auront relevé et enlevé les résidus du sable répandu pour la consolidation du pavé, et que les agents de l'Administration auront averti les propriétaires et locataires que le balayage devra être repris.

En ce qui concerne les pavages en recherche ou réparations partielles, le balayage sera repris dès l'avis donné par les agents de l'Administration.

Les sables balayés et relevés avant les quinze jours de l'achèvement des travaux, ou avant les avis donnés par les agents de l'Administration, seront répandus de nouveau aux frais des contrevenants.

### ART. 4.

En outre du balayage prescrit par l'art. 1er, les propriétaires ou locataires seront tenus de faire gratter, laver et balayer chaque jour les trottoirs existant au devant de leurs propriétés, ainsi que les bordures desdits trottoirs, aux heures fixées par l'art. 2.

Cette disposition est applicable aux dalles établies dans les contre-allées des boulevards; les propriétaires ou locataires sont tenus de les faire gratter, laver et balayer, chaque jour; les boues et ordures provenant de ce balayage seront mises en tas, ainsi qu'il est prescrit par l'art. 1er.

L'eau du lavage des trottoirs et des dalles devra être balayée et coulée au ruisseau.

Les propriétaires ou locataires devront également faire nettoyer intérieurement et dégager les gargouilles placées sous les trottoirs des rues et sous les dallages des boulevards, de toutes ordures et objets quelconques qui pourraient les obstruer. Ce nettoiement doit être fait chaque jour aux heures prescrites pour le balayage.

## ART. 5.

Les devantures de boutiques ne pourront être lavées après les heures fixées pour le balayage, et l'eau du lavage devra être balayée et coulée au ruisseau.

## ART. 6.

Dans les rues à chaussée bombée, chaque propriétaire ou locataire doit tenir libre le cours du ruisseau au devant de sa maison; dans les rues à chaussée fendue, il y pourvoira conjointement avec le propriétaire ou locataire qui lui fait face.

Les ruisseaux sous trottoirs dits en encorbellement devront être dégagés des boues et ordures et tenus toujours libres et en état de propreté.

## ART. 7.

Il est prescrit aux entrepreneurs de travaux exécutés sur la voie publique ou dans des propriétés qui l'avoisinent, de tenir la voie publique en état constant de propreté, aux abords de leurs ateliers ou chantiers, et sur tous les points qui auraient été salis par suite de leurs travaux; il leur est également prescrit d'assurer aux ruisseaux un libre écoulement.

En cas d'inexécution, le nettoiement de ces points de la voie publique sera opéré *d'office* et aux frais des entrepreneurs.

## TITRE II.

### ENTRETIEN DES RUES OU PARTIES DES RUES NON PAVÉES.

## ART. 8.

Il est enjoint à tout propriétaire ou locataire de maisons ou terrains situés le long des rues ou parties de rues non pavées, de faire combler, chacun au droit de soi, les excavations, enfoncements et ornières, et d'entretenir le sol en bon état; de conserver et de rétablir les pentes nécessaires pour procurer aux eaux un écoulement facile, et de faire, en un mot, toutes les dispositions convenables pour que la liberté, la sûreté de la circulation et la salubrité ne soient pas compromises.

### Art. 9.

Les concierges, portiers ou gardiens des établissements publics et maisons domaniales sont personnellement responsables de l'exécution des dispositions ci-dessus, en ce qui concerne le balayage de la voie publique, le nettoiement des trottoirs, des ruisseaux, des devantures de boutiques, ainsi que l'entretien des rues ou parties de rues non pavées, au devant des établissements et maisons auxquels ils sont attachés.

## TITRE III.

### DÉPOTS ET PROJECTIONS SUR LA VOIE PUBLIQUE, DANS LA RIVIÈRE ET DANS LES ÉGOUTS.

### Art. 10.

Il est expressément défendu de déposer dans les rues, sur les places, quais, ports, berges, et en général sur aucune partie de la voie publique, des menus gravois, des décombres, du mâchefer, des pailles, des coquilles d'huîtres, des cendres, des résidus de fabrication, de jardin, de commerce de fruiterie et autres résidus analogues.

Il en sera de même des bouteilles cassées, des morceaux de verre, de poterie, de faïence, et de tous autres objets pouvant occasionner des accidents.

### Art. 11.

Les ordures et résidus de ménage pourront être déposés de cinq à six heures du matin, depuis le 1er avril jusqu'au 30 septembre, et de six à sept heures du matin, du 1er octobre au 31 mars, sur les points de la voie publique désignés en l'art. 1er pour la mise en tas des produits du balayage.

En dehors des heures ci-dessus, ces dépôts sont formellement interdits.

Lorsque nous le jugerons nécessaire, la tolérance résultant du premier paragraphe du présent article pourra être retirée ou suspendue, soit généralement, soit partiellement, en vertu d'ordonnances spéciales.

Cette tolérance ne sera, dans aucun cas, applicable à des résidus passés à l'état de putréfaction et répandant une mauvaise odeur.

### Art. 12.

Il est interdit de déposer sur aucune partie de la voie publique des pierres, terres, sables, gravois et autres matériaux.

Dans le cas où des réparations à faire dans l'intérieur des maisons nécessiteraient le dépôt momentané de terres, sables, gravois et autres matériaux sur la voie publique, ce dépôt ne pourra avoir lieu que sous l'autorisation préalable du commissaire de police de la section.

La quantité des objets déposés ne devra jamais excéder le chargement d'un tombereau, et leur enlèvement complet devra toujours être effectué avant la nuit. Si, par suite de force majeure, cet enlèvement n'avait pu être opéré complétement, les terres, sables, gravois ou autres matériaux devront être suffisamment éclairés pendant la nuit.

Sont formellement exceptés de la tolérance, les terres, moellons ou autres objets provenant des fosses d'aisances; ces débris devront être immédiatement emportés, sans pouvoir jamais être déposés sur la voie publique.

En cas d'inexécution, il sera procédé *d'office* et aux frais des contrevenants, soit à l'éclairage, soit à l'enlèvement des dépôts.

### ART. 13.

Il est interdit aux marchands ambulants de jeter sur la voie publique des débris de légumes et de fruits ou tous autres résidus.

Les étalagistes, ou tous autres individus autorisés à s'établir sur la voie publique pour y exercer une industrie, doivent tenir constamment propre l'emplacement qu'ils occupent, ainsi que les abords de cet emplacement.

### ART. 14.

Il est défendu de secouer sur la voie publique des tapis et autres objets pouvant salir ou incommoder les passants, et généralement d'y rien jeter des habitations.

### ART. 15.

Il est défendu de jeter des pailles ou des ordures ménagères à la rivière, sur les berges, sur les parapets, cordons ou corniches des ponts.

### ART. 16.

Il est défendu de jeter des eaux sur la voie publique ; ces eaux devront être portées au ruisseau pour y être versées, de manière à ne pas incommoder les passants.

Il est également défendu d'y jeter et faire couler des urines et des eaux infectes.

### ART. 17.

Il est expressément défendu de jeter dans les égouts des urines, des boues et immondices solides, des matières fécales, et généralement tout corps ou matière pouvant obstruer ou infecter lesdits égouts. Il est également interdit de laisser écouler dans les égouts des eaux acides qui ne seraient pas préalablement neutralisées, de manière à prévenir la détérioration des égouts.

## TITRE IV.

### URINOIRS PUBLICS.

### ART. 18.

Dans les voies publiques où des urinoirs sont établis, il est interdit d'uriner ailleurs que dans ces urinoirs. Quant aux voies publiques où il n'existera pas d'urinoirs, il est interdit d'uriner sur les trottoirs, contre les monuments publics et contre les devantures de boutiques. (Ordonnance du 23 février 1850.)

Les personnes qui auront été autorisées à établir des urinoirs sur la voie publique devront les entretenir en bon état, et en faire opérer le nettoiement et le lavage assez fréquemment pour qu'ils soient constamment propres et, qu'il ne s'en exhale aucune mauvaise odeur.

En cas d'inexécution, il sera pourvu *d'office* et aux frais des contrevenants, à la réparation, au nettoiement et au lavage de ces urinoirs.

## TITRE V.

### TRANSPORT, CHARGEMENT ET DÉCHARGEMENT DES OBJETS QUI SERAIENT DE NATURE A SALIR LA VOIE PUBLIQUE OU A INCOMMODER LES PASSANTS.

### ART. 19.

Ceux qui transporteront des plâtres, des terres, sables, décombres, gravois, mâchefer, fumier-litière et autres objets quelconques qui seraient de nature à salir la voie publique ou à incommoder les passants, devront charger leurs voitures de manière que rien ne s'en échappe et ne puisse se répandre sur la voie publique.

En ce qui concerne le transport des terres, sables, décombres, gravois et mâchefer, les parois des voitures devront dépasser de 15 centimètres au moins toute la partie supérieure du chargement.

Les voitures servant au transport des plâtres, même lorsqu'elles ne seront pas chargées, ne pourront circuler sur la voie publique sans être pourvues d'un about devant et derrière, et sans être recouvertes d'une bâche.

Le déchargement des plâtres devra toujours être opéré avec précaution, et de manière à ne pas salir la voie publique ni incommoder les passants.

Cette dernière disposition est applicable aux déchargements des farines.

Les remises et autres locaux, sous lesquels on battera du plâtre, devront être séparés de la voie publique par une clôture qui empêche la poussière de s'y répandre et d'incommoder les passants.

Le nettoiement des rues ou parties de rues salies par suite de contravention au présent article, sera opéré *d'office* et aux frais des contrevenants.

## Art. 20.

Lorsqu'un chargement ou déchargement de marchandises ou de tous autres objets quelconques aura été opéré sur la voie publique, dans le cours de la journée, et dans les cas où ces opérations sont permises par les règlements l'emplacement devra être balayé et les produits du balayage enlevés immédiatement.

En cas d'inexécution, il y sera pourvu *d'office* et aux frais des contrevenants.

## TITRE VI.

### TRANSPORT DES MATIÈRES INSALUBRES.

## Art. 21.

Les résidus de fabrique de gaz, ceux d'amidonnerie, ceux de féculerie, passés à l'état putride, ceux de boyauderies et de triperies; les eaux provenant de la cuisson des os pour en retirer la graisse; celles qui proviennent des fabriques de peignes et d'objets de corne macérée ; les eaux grasses destinées aux fondeurs de suifs et aux nourrisseurs de porcs ; les résidus provenant des fabriques de colle forte et d'huile de pieds de bœuf, le sang provenant des abattoirs, les urines provenant des urinoirs publics et particuliers: les vases et eaux extraites des puisards et des puits infectés ; les eaux de cuisson de têtes et de pieds de mouton, les eaux de charcuterie et de triperie; les râclures de peaux infectes ; les résidus provenant de la fonte des suifs, soit liquides, soit solides, soit mi-solides, et en général toutes les matières qui pourraient compromettre la salubrité, ne pourront, à l'avenir, être transportées dans Paris que dans des tonneaux hermétiquement fermés et lutés.

Toutefois, les résidus de féculerie qui ne seront pas passés à l'état putride, pourront être transportés dans des voitures parfaitement étanches, et les débris frais des abattoirs, des boyauderies et des triperies, dans des voitures garnies en tôle ou en zinc, étanches également, mais, de plus, couvertes. Pourront aussi être transportées de cette dernière manière, les matières énoncées dans le paragraphe 1er du présent article, lorsqu'il sera reconnu qu'il y a impossibilité de les transporter dans des tonneaux, mais seulement alors pendant la nuit, jusqu'à huit heures du matin.

### Art. 22.

Le noir animal ayant servi à la décoloration de sirops et au raffinage des sucres, les os gras et les chiffons non lavés et humides ne pourront être transportés que dans des voitures bien closes.

### Art. 23.

Les tonneaux servant au transport des peaux en vert et des engrais secs de diverses natures devront être clos et couverts.

#### DISPOSITIONS GÉNÉRALES.

### Art. 24.

Les contraventions aux injonctions ou défenses faites par la présente ordonnance seront constatées par des procès-verbaux ou rapports qui nous seront adressés. Les contrevenants seront traduits, s'il y a lieu, devant les tribunaux, pour être punis conformément aux lois et règlements en vigueur.

Dans tous les cas où il y aura lieu à procéder *d'office*, en vertu des dispositions de la présente ordonnance, ces opérations se feront à la diligence des Commissaires de police ou de l'Inspecteur général de la Salubrité, aux frais des contrevenants, et sans préjudice des peines encourues.

### Art. 25.

L'ordonnance du 5 novembre 1846 est rapportée.

### Art. 26.

La présente ordonnance sera publiée et affichée.

Les Commissaires de police, le Chef de la police municipale, l'Inspecteur général de la Salubrité, les Officiers de paix, et autres préposés de l'Administration sont chargés de faire observer les dispositions de l'ordonnance ci-dessus, et de tenir la main à leur exécution.

Les préposés de l'Octroi sont requis de concourir à l'exécution des art. 12, 19 et 21 concernant les dépôts et le transport des plâtres, terres, sables et autres objets qui seraient de nature à salir ou à embarrasser la voie publique, et le transport des matières insalubres.

A cet effet, ampliation de ladite ordonnance sera adressée à M. le Directeur, Président du Conseil d'administration de l'Octroi.

*Le Préfet de Police,*
PIÉTRI.

**Instruction relative au balayage et à l'enlèvement des neiges et glaces.**

27 *décembre* 1871.

L'immense étendue des voies publiques, à Paris, et l'insuffisance des moyens de transport ne permettant pas d'enlever rapidement les quantités considérables de neige qui peuvent tomber dans les rues de Paris, la population est invitée à exécuter les dispositions de l'instruction suivante, pour remédier, autant que possible, aux inconvénients résultant de la présence des neiges.

## ART. 1er.

Le balayage et l'enlèvement des neiges, ainsi que le bris des glaces dans les ruisseaux, seront effectués concurremment par les propriétaires riverains ou locataires, et par les ouvriers de l'Administration, conformément aux prescriptions de l'ordonnance de police du 4 décembre 1851 et aux dispositions suivantes :

| TRAVAUX A LA CHARGE DES RIVERAINS. | TRAVAUX A EXÉCUTER PAR LES OUVRIERS DE L'ADMINISTRATION. |
|---|---|
| I. — *Grandes avenues avec contre-allées et trottoirs bordant les maisons (chaussées de 14 mètres).* | |
| Balayer la neige sur toute la largeur du trottoir bordant la propriété, et dégager le ruisseau sur 0m,50 de largeur; la rejeter à la volée, au delà de ce ruisseau. Balayer la neige au droit des portes cochères sur toute la largeur de la contre-allée, et faire tous autres passages transversaux utiles aux propriétés. Jeter du sable, de la cendre ou du mâchefer en cas de verglas. | Balayer la neige sur le milieu des contre-allées, en ouvrant un passage de 3 mètres de largeur et en la rejetant à droite et à gauche. Dégager le centre de la chaussée sur 5 mètres de largeur et les ruisseaux sur 1 mètre de largeur chacun, ainsi que la bordure du trottoir. Les neiges ainsi relevées seront répandues de part et d'autre, sur les zones de 3m,50 dépassant le milieu de la chaussée des ruisseaux dégagés. Des saignées devront être ouvertes dans ces zones de 20 mètres en 20 mètres. Briser les glaces dans les ruisseaux et les réunir en tas sur le bord de la zone dégagée. |

| TRAVAUX<br>A LA CHARGE DES RIVERAINS. | TRAVAUX<br>A EXÉCUTER PAR LES OUVRIERS<br>DE L'ADMINISTRATION. |
|---|---|
| **II. — Grandes voies ayant 12 mètres de chaussée avec trottoirs de plus de 4 mètres de largeur.** | |
| Balayer la neige des trottoirs sur une zone de 4 mètres de largeur à partir des façades, et la rejeter entre cette zone et la bordure.<br>Ouvrir, s'il est nécessaire, le passage jusqu'à la bordure au droit des portes cochères ou des entrées.<br>Jeter du sable, de la cendre ou du mâchefer en cas de verglas. | Dégager le ruisseau sur 50 centimètres de largeur et rejeter la neige sur le trottoir, au delà de la bordure.<br>Ouvrir, de distance en distance, une communication entre la bordure et la zone dégagée du trottoir, dans le cas où celles qui seront pratiquées par les riverains ne se trouveraient pas suffisantes.<br>Si l'enlèvement total n'est pas prescrit, dégager le centre de la chaussée sur une largeur de 5 mètres et rejeter la neige, de part et d'autre, sur les zones de 3 mètres, séparant le milieu de la chaussée des ruisseaux dégagés.<br>Ouvrir dans ces zones des saignées transversales de 20 mètres en 20 mètres, pour l'écoulement des eaux du milieu. |
| **III. — Voies ayant moins de 12 mètres de chaussée et 4 mètres au moins de trottoirs.** | |
| Balayer le trottoir sur toute sa largeur et le ruisseau sur une largeur de 0m,50.<br>Rejeter cette neige à la volée, sur le milieu de la chaussée.<br>Casser les glaces qui se forment dans le ruisseau et les relever en tas sur le bord.<br>Relever les neiges en tas, lorsqu'on en sera requis par les agents de l'Administration.<br>Jeter du sable, de la cendre ou du mâchefer en cas de verglas. | Étaler et régaler sur la chaussée les neiges rejetées par les riverains.<br>Les relever sur toute la largeur au moment de l'enlèvement, sur les voies pour lesquelles cet enlèvement est prescrit.<br>Dégager des passages pour les piétons aux croisements des rues, dans le prolongement des trottoirs, en rejetant toujours la neige sur la chaussée.<br>Entretenir constamment les ruisseaux dégagés de neige et de glace. |

### Art. 2.

Les polices d'abonnement au balayage, en temps ordinaire, laissent ce travail à la charge exclusive des abonnés en temps de neige.

### Art. 3.

Tout chef d'établissement, tout fonctionnaire chargé de l'administration des bâtiments de l'État, du Département ou de la Ville, et tout propriétaire ou locataire riverain, par lui ou ses représentants, sera tenu de procéder, sans autre avertissement, aux obligations qui lui incombent.

En cas de retard ou de négligence, il sera dressé procès-verbal de la contravention et procédé d'office à l'exécution ou à l'achèvement des travaux.

Au droit des terrains non habités, les opérations incombant aux propriétaires seront faites par les ouvriers de l'Administration.

## ART. 4.

Il est expressément interdit, à moins d'ordres contraires des agents de l'Administration, de relever les neiges en tas sur les chaussées et de déverser sur la voie publique les neiges et glaces provenant de l'intérieur des propriétés.

## ART. 5.

Il sera procédé au relèvement en tas des neiges, sur les voies principales dont la nomenclature aura été arrêtée préalablement, mais seulement lorsque le directeur des travaux en donnera l'ordre et lorsqu'il aura été reconnu, d'après le rapport des ingénieurs, que cette opération est indispensable à la circulation des voitures.

Les emplacements sur lesquels les neiges et glaces seront transportées sont désignés à l'avance dans un état arrêté avant le 1er octobre de chaque année.

Pour les rues dans lesquelles l'enlèvement sera effectué au tombereau, la neige ne sera relevée, par tas, qu'au fur et à mesure de l'arrivée des tombereaux et dans la proportion du volume qu'il sera possible d'enlever dans la journée.

Le nombre des tombereaux sera d'ailleurs déterminé d'avance par les marchés que les ingénieurs devront passer, chaque année, avant la saison des neiges, avec tous les propriétaires de ce genre de véhicule.

## ART. 6.

Les morceaux de glace provenant du cassage fait dans les ruisseaux ou sur la chaussée seront ramassés en tas sur les côtés et leur enlèvement devra toujours être effectué par les voitures avant tout enlèvement de neige.

## ART. 7.

Dans les rues où existent des égouts renfermant des eaux chaudes provenant d'établissements industriels, les neiges pourront être projetées dans les bouches par les ouvriers de l'Administration, après entente préalable avec les agents du service des égouts.

Si les eaux chaudes coulent dans les ruisseaux, on en profitera pour y faire fondre les neiges et les couler autant qu'il sera possible.

## Art. 8.

Lorsque le dégel commencera et que les eaux de la Ville pourront circuler dans les ruisseaux, on coulera la neige fondante dans les égouts, autant que possible.

Les propriétaires riverains et locataires sont invités à faciliter de tout leur pouvoir cet écoulement et à faire disparaître les obstacles qu'il rencontrerait.

## Art 9.

Pour l'exécution des travaux à faire par l'Administration, les cantonniers de toute catégorie, y compris ceux des promenades et plantations, ainsi que les ouvriers auxiliaires des empierrements et du nettoiement, et tous autres ouvriers qu'il sera possible de se procurer, seront réunis dans chaque circonscription en ateliers de vingt à vingt-cinq hommes, sous la direction d'un chef cantonnier ou d'un piqueur, pour exécuter les travaux, successivement, dans les rues de la circonscription.

L'itinéraire à suivre par chaque atelier sera arrêté à l'avance par l'ingénieur de la section.

Des cantonniers seront maintenus en permanence sur certains points exigeant une main d'œuvre non interrompue pour des motifs à apprécier dans chaque cas particulier.

## Art. 10.

Les agents de la police municipale, après s'être concertés avec les ingénieurs, devront intervenir directement pour assurer l'exécution des obligations imposées aux propriétaires riverains. Ils dresseront des procès-verbaux pour constater les contraventions et poursuivre les délinquants devant le tribunal de simple police, en vue d'obtenir les condamnations prescrites par la loi et le recouvrement des frais des travaux exécutés d'office et pour le compte des contrevenants par les ouvriers de l'Administration.

## Art. 11.

Les ingénieurs rendront compte, chaque jour, à la Direction des Travaux, sur des bulletins du modèle ci-annexé, des travaux exécutés et des résultats obtenus.

Paris, le 27 décembre 1871.

LE PRÉFET DE LA SEINE,
*Membre de l'Assemblée nationale,*
LÉON SAY.

### Arrosement de la voie publique. — Ordonnance de Police.

#### 20 *août* 1871.

LE PRÉFET DU DÉPARTEMENT DE LA SEINE, Membre de l'Assemblée nationale,

Vu l'ordonnance de police du 20 juin 1851, concernant l'arrosement de la voie publique ;

Vu la loi du 16 juin 1859, qui a déclaré annexées à la Ville de Paris les communes et portions de communes comprises entre les fortifications et l'ancien mur d'octroi ;

Vu le décret impérial du 10 octobre 1859, sur les attributions du Préfet de la Seine ;

Vu l'arrêté préfectoral du 1er janvier 1860, qui a rendu applicables aux territoires annexés à Paris, par la loi du 16 juin 1859, les dispositions de l'ordonnance susvisée ;

ARRÊTE :

L'ordonnance de Police du 20 juin 1851 sera publiée de nouveau par voie d'affiches, à la suite du présent arrêté, dans toute l'étendue de la Ville de Paris.

Fait à Paris, le 8 août 1871.

LÉON SAY.

### Dispositions de l'Ordonnance de Police du 20 juin 1851, concernant l'arrosement.

#### ART. 1er.

A compter du jour de la publication de la présente ordonnance, et pendant tout le temps que dureront les chaleurs, les propriétaires ou locataires sont tenus de faire arroser, au moins une fois par jour, de onze heures du matin à deux heures de l'après-midi, la partie de la voie publique au devant de leurs maisons, boutiques, jardins et autres emplacements; ils feront écouler les eaux des ruisseaux pour en éviter la stagnation.

Ces dispositions sont applicables aux propriétaires ou locataires des passages publics à ciel ouvert, existant sur des propriétés particulières.

#### ART. 2.

Il est défendu de se servir de l'eau stagnante des ruisseaux pour l'arrosement.

Il est également défendu de lancer l'eau sur la voie publique, de manière à gêner la circulation ou à éclabousser les passants.

#### ART. 3.

Les concierges, portiers ou gardiens des établissements publics et maisons domaniales, sont personnellement responsables de l'exécution des dispositions ci-dessus, en ce qui concerne les établissements et maisons auxquels ils sont attachés.

**Arrêté relatif à la Défense de déposer sur la voie publique
les ordures ménagères.**

*4 juin* 1875.

LE PRÉFET DE LA SEINE,

Vu les règlements sur la police de la voirie de Paris, notamment les lettres patentes du mois de septembre 1608, portant:

« ART. 2. Enjoignons à tous chefs d'hostels, propriétaires et locataires de
« maison de nostre dite ville et fauxbourgs de Paris..... se faire retenir
« dans leur logis les dites ordures dans des paniers ou mannequins, et
« icelles faire porter et jetter dans des tombereaux qui passeront tous les jours
« par les rues, pour les recevoir et emporter hors la dite ville et lieux des-
« tinez pour cet effect. »

Vu la loi des 19-22 juillet 1791 et l'art. 484 du Code pénal qui ont confirmé les anciens règlements de voirie.

Vu l'arrêté du 11 septembre 1870, renouvelé par celui du 14 juin 1871, ainsi conçu:

« ART. 1er. Il est interdit de déverser dans les rues, sur les quais, places,
« ports, berges de la rivière, et généralement sur aucun point de la voie
« publique, des résidus quelconques de ménage.

« Au premier son de la cloche qui annoncera le passage du tombereau,
« ces résidus seront versés directement par les habitants dans les voitures
« de nettoiement; ces résidus pourront être déposés dans des récipients qui
« seront placés à la porte des maisons, à 5 heures 1/2 du matin.

« Ces récipients seront enlevés et déversés dans les voitures par leurs des-
« servants.

« ART. 2. La même interdiction et les mêmes obligations s'étendent aux
« maisons situées dans les cours, passages, cités, impasses inaccessibles aux
« voitures d'enlèvement. »

ARRÊTE:

ART. 1er.

Les dispositions réglementaires ci-dessus visées seront exécutées selon leur forme et teneur.

En conséquence, les agents du service municipal veilleront à ce qu'elles soient rigoureusement observées et dresseront, le cas échéant, des procès-verbaux qui seront déférés aux tribunaux compétents pour provoquer l'application aux contrevenants, des peines édictées par la loi.

### Art. 2.

Le présent arrêté sera publié et affiché dans toute l'étendue de la ville de Paris et inséré au *Recueil des Actes administratifs de la Préfecture.*

Fait à Paris, le 4 juin 1875.

*Signé* : FERDINAND DUVAL.

# ÉCLAIRAGE.

**Règlement concernant les conduites et appareils d'éclairage et de chauffage par le gaz à l'intérieur des bâtiments et habitations. (Extrait des arrêtés des 18 février 1862 et 2 avril 1868.)**

*Nécessité d'une autorisation pour l'établissement et l'emploi d'appareils à gaz.* (Arrêté du 2 avril 1868, art. 1er.)

Nul ne pourra établir dans Paris, à l'intérieur des bâtiments et habitations, un ou plusieurs appareils destinés à l'éclairage ou au chauffage par le gaz, ni faire usage d'appareils déjà installés, en augmenter ou modifier notablement la forme et les dimensions, sans en avoir, au préalable, demandé et obtenu l'autorisation du préfet de la Seine. La demande, signée de la personne intéressée, devra, s'il s'agit de travaux à effectuer, indiquer le nom et la demeure de l'appareilleur qui en sera chargé.

La permission sera délivrée au nom du signataire de la demande ; celui-ci devra, en cas de cession des lieux où le gaz sera employé, informer l'Administration du nom de son successeur.

*Conditions de délivrance de l'autorisation.* (Ibid., art. 2.)

Aucun appareil ne pourra être mis en service avant la délivrance d'une autorisation écrite du préfet de la Seine ou de son délégué. Toutefois, si la demande ne s'applique qu'à l'usage du gaz avec des appareils déjà installés et vérifiés, un accusé de réception de cette demande tiendra lieu d'autorisation. Dans tous les autres cas, l'autorisation ne sera accordée qu'après la réception définitive des travaux par les agents du service municipal, après l'accomplissement des formalités qui seront énumérées ci-après.

*Surveillance et réception des travaux.* (Ibid., art. 3.)

L'exécution des travaux sera soumise à la surveillance des agents de l'administration, qui donneront, s'il en est besoin, au pétitionnaire et à son appareilleur, les indications nécessaires pour que les ouvrages soient mis en état de réception.

Dès que les travaux seront terminés, et trois jours, au moins, avant qu'il ne soit fait usage du gaz, le consommateur, ou son appareilleur, devra en faire parvenir l'avis au bureau de l'éclairage de l'arrondissement où ces travaux ont été entrepris, pour qu'il puisse être procédé à la réception des appareils.

Le pétitionnaire et son appareilleur seront prévenus 24 heures, au moins à l'avance, du jour et de l'heure de la visite de cet agent du service de l'éclairage, chargé de la réception.

Cet agent visitera, d'abord, la canalisation et les appareils, afin de reconnaître s'ils sont établis conformément aux dispositions du présent arrêté ; il s'assurera, ensuite, qu'aucune fuite n'existe ; cette dernière vérification sera faite au moyen du compteur, sur lequel aura été adapté un manomètre ; le tout aux frais de l'appareilleur.

Dans le cas où l'agent aura constaté que les appareils et la canalisation satisfont aux conditions réglementaires et que le manomètre ne révèle aucune fuite, il délivrera immédiatement une permission provisoire d'éclairage, qui sera valable pendant 15 jours, et il pourra être fait, sans nouveau délai, usage du gaz.

Lorsqu'il existera des fuites peu importantes, mais que les conduites et appareils, sans satisfaire, cependant, à toutes les conditions réglementaires, ne présenteront pas de danger pour l'emploi momentané du gaz, il pourra être délivré par l'inspecteur principal de l'éclairage, une permission de tolérance d'une durée égale à celle qui sera nécessaire pour mettre en état les conduites et appareils. A l'expiration du délai accordé, une nouvelle visite sera faite à la diligence du consommateur, pour procéder, s'il y a lieu, à la réception définitive.

S'il existe, enfin, des fuites importantes et des défectuosités dangereuses dans les conduites ou appareils, il sera sursis à la délivrance de toute permission, et l'agent dressera procès-verbal de sa visite.

Le consommateur et l'appareilleur seront mis en demeure de signer ce procès-verbal et d'y ajouter les observations qu'ils jugeraient à propos de présenter.

Il sera statué par l'Administration qui, le cas échéant, fera connaître au pétitionnaire les travaux qu'il devra faire exécuter, afin de rendre possible la réception des appareils installés.

Après l'achèvement des travaux requis, il sera procédé, s'il y a lieu, à la réception dans les formes ci-dessus indiquées.

*Défense aux compagnies de livrer du gaz dont l'emploi n'est pas autorisé.*
(Arrêté du 18 février 1862, art. 3.)

Les compagnies d'éclairage et de chauffage par le gaz ne pourront délivrer du gaz à la consommation que sur la présentation qui leur sera faite de l'autorisation prescrite.

*Pose des branchements et robinets.* (Ibid., art. 4.)

Aucun branchement ne pourra être établi sur une des conduites que la Compagnie parisienne d'éclairage et de chauffage par le gaz est autorisée à poser sur la voie publique sans une autorisation spéciale. Les robinets des branchements devront être placés dans les soubassements des maisons ou boutiques, ou dans l'épaisseur des murs.

Les robinets existant sous la voie publique seront supprimés aux frais de qui de droit, au fur et à mesure de la réfection des trottoirs et du pavé.

### Robinet extérieur. (Arrêté du 2 avril 1868, art. 4.)

Le robinet extérieur de tout branchement sera placé à l'entrée du bâtiment, dans l'épaisseur du mur et renfermé dans un coffre disposé de telle sorte que le gaz qui s'y introduirait ne puisse s'échapper qu'en dehors du bâtiment. Ce coffre sera fermé par une porte en métal, dont les agents du service de l'éclairage et les compagnies auront seules la clef. Cette porte sera pourvue d'un appendice disposé de telle sorte que le consommateur ne puisse pas ouvrir le robinet pour faire circuler le gaz sans l'action préalable des compagnies, mais de manière, cependant, à ce qu'il lui soit possible d'user du gaz à volonté ou d'en arrêter l'introduction dès qu'il aura été mis à sa disposition par les compagnies ; celles-ci lui remettront une clef à cet effet.

Un signe extérieur, placé sur le coffret, indiquera, d'ailleurs, si les compagnies ont livré le gaz venant de leurs conduites.

### Robinet principal. (Ibid., art. 5.)

Un robinet principal sera établi intérieurement à l'origine de la distribution, pour donner aux consommateurs du gaz la faculté d'intercepter l'introduction du gaz dans les appareils de distribution, malgré l'ouverture du robinet extérieur.

### Compteurs. (Ibid., art. 6.)

Les compteurs qui mesurent la consommation du gaz devront être conformes aux modèles approuvés par l'Administration. Avant qu'ils ne soient mis en service, l'exactitude de leur débit sera vérifiée par les agents de l'Administration, qui apposeront un poinçon destiné à constater le résultat favorable de la vérification.

Les compteurs seront, d'ailleurs, toujours placés dans des lieux d'accès facile et parfaitement aérés.

### Tuyaux de distribution et de consommation. (Ibid., art. 7.)

Les tuyaux de conduite et les autres appareils, servant à la distribution et à la consommation du gaz, doivent rester apparents, sauf les exceptions relatives à la traversée des plafonds, planchers, murs, pans de bois, cloisons placards, espaces, vides intérieurs quelconques.

Toutes les fois que les tuyaux seront ainsi dissimulés ils devront être placés dans un manchon continu, en fer forgé ou en cuivre. Ce manchon sera ouvert à ses deux extrémités, et dépassera d'un centimètre, au moins, les parements des murs, cloisons, planchers, etc., dans lesquels il sera encastré. Le diamètre intérieur de ce manchon aura, au moins, un centimètre de plus que celui du tuyau qu'il enveloppera.

Le manchon pourra, toutefois, être supprimé :

1° Dans les murs en pierre de taille, lorsque le tuyau ne traversera des murs ou cloisons que sur une longueur de moins de 0$^m$,20 ;

2° Derrière les glaces, panneaux, etc., pourvu qu'il existe entre les murs et les panneaux un espace libre suffisant pour l'aération.

Si un tuyau est placé suivant son axe, dans un mur, une cloison, un plafond, un parquet ou un plancher, le manchon du tuyau devra être terminé par un appareil à cuvette, assurant la ventilation de l'espace libre entre le tuyau et son manchon.

L'appareil de ventilation pourra comporter soit un tuyau droit enfermé dans le manchon, soit un tuyau à courbure ; mais dans ce dernier cas, le diamètre extérieur de l'ouverture de la boîte de ventilation devra avoir, au moins, 0$^m$,07, et sa profondeur ne pourra dépasser les peux tiers de ce diamètre. La partie courbe du tuyau devra avoir au moins 0$^m$,10 de rayon et le centre de cette courbe devra se trouver sur le plan passant par le fond de la cuvette, parallèlement à la surface du plafond.

Le raccord soutenant l'appareil à gaz devra être vissé à la cuvette et non fondu avec elle.

Les tuyaux de conduite et de distribution devront être construits en métal de bonne qualité, autre que le zinc, et parfaitement ajustés.

### Brûleurs. (Ibid., art. 8.)

Chaque brûleur devra être muni d'un robinet d'arrêt dont les canillons seront disposés de manière à ne pouvoir être enlevés de leurs boisseaux, même par un violent effort.

Un taquet sera placé de manière à arrêter le canillon dans une position verticale, lorsque le robinet sera fermé.

### Ventilation des pièces éclairées au gaz. (Ibid., art. 9.)

La ventilation ne sera pas obligatoire dans les salons, salles à manger, salles de billard, chambres à coucher de maîtres ni dans les appartements munis de cheminées d'appel spéciales, prenant l'air à la partie supérieure des pièces à ventiler et débouchant au-dessus de la toiture. Mais cette exception ne s'étendra pas aux arrière-boutiques, soupentes, entre-sol et sous-sol, en communication directe et permanente avec les boutiques, magasins, bureaux ou ateliers.

*Ventilation des grandes salles et ateliers.* (Ibid., art. 10.)

L'administration, après avoir entendu les intéressés, déterminera, dans chaque cas, le mode de ventilation à adopter pour les pièces, salles ou ateliers, occupant un espace de plus de 1,000 mètres cubes, en tenant compte de la disposition des lieux, de l'importance de la consommation du gaz et des moyens de ventilation existant déjà pour d'autres besoins que ceux de l'éclairage.

*Mode de ventilation des saillies lumineuses et fermées.* (Ibid., art. 11.)

Les montres, placards et autres espaces fermés, contenant des brûleurs ou traversés par des conduites et les caissons renfermant les compteurs lorsqu'il en est établi, devront être ventilés par deux ouvertures de 50 centimètres carrés, au moins, chacune.

Ces ouvertures seront placées l'une dans la partie haute, l'autre dans la partie basse du local à ventiler et devront communiquer, autant que possible, l'une avec l'intérieur, l'autre avec l'extérieur des locaux éclairés.

Dans le cas où cette dernière disposition serait impraticable et où les deux ouvertures seraient établies à l'intérieur, la superficie de chacune devra être portée à un décimètre carré.

*Visite des installations.* (Ibid., art.12.)

L'administration fera visiter les installations de gaz par ses agents, chaque fois qu'elle le jugera convenable. Dans leurs visites, ces agents s'assureront du bon état de toutes les parties des appareils et des conduites et constateront, au moyen du manomètre adapté au compteur, s'il n'y a pas de fuite.

En cas de contravention et sur le vu du procès-verbal dressé par ses agents, l'administration fera, au besoin, suspendre l'emploi du gaz et prescrira les mesures nécessaires pour arrêter les fuites et réparer les conduites ou appareils.

La recherche des fuites par le flambage est formellement interdite, même en plein air ou dans des lieux parfaitement ventilés.

*Mesures particulières aux réunions publiques.* (Ibid., art. 13.)

Les directeurs de théâtres et autres établissements faisant usage de compteurs de 100 becs et au-dessus, seront tenus de s'assurer journellement, avant l'allumage, de l'état de leurs appareils d'éclairage ; le résultat constaté sera inscrit, chaque jour, sur un registre qui devra être présenté, à toute réquisition des agents de l'éclairage. Si des fuites sont révélées elles seront, aussitôt, recherchées et étanchées.

*Dispositions à prendre pour l'emploi du gaz comme force motrice.*
(Arrêté du 18 février 1862, art. 18.)

Toute personne voulant employer du gaz, pour mettre des machines en mouvement, ou voulant en faire usage d'une manière intermittente, devra isoler ses prises de gaz de la canalisation de la rue par un régulateur gazométrique dont les dimensions seront déterminées par l'Administration.

*Avis à donner par les compagnies en cas d'accident.* (Arrêtés du 18 février 1862, art. 19, et du 2 avril 1868, art. 15.)

La compagnie qui aura reçu avis d'un accident sera tenue d'envoyer immédiatement sur les lieux, et d'en informer aussitôt le Directeur de la voie publique et des promenades.

*Répression des contraventions.* (Arrêté du 2 avril 1868, art. 14.)

Les contraventions aux dispositions du présent arrêté seront constatées par des procès-verbaux qui seront déférés aux tribunaux compétents, sans préjudice des mesures administratives auxquelles ces contraventions pourront donner lieu, notamment la suppression des branchements particuliers, lesquels, dans ce cas, ne seront rétablis que sur une nouvelle autorisation.

Les poursuites pour infraction aux dispositions précédentes seront dirigées, à défaut de la déclaration prescrite par le § 2 de l'article 1er, contre ceux qui auront formé la demande ou obtenu l'autorisation exigée par le même article, nonobstant tout changement de propriétaire ou locataire.

*Remise aux abonnés des règlements et instructions.* (Arrêté du 18 février 1862, art. 20.)

Un exemplaire du présent arrêté et des instructions relatives aux précautions à prendre pour l'emploi du gaz, sera délivré aux abonnés, en même temps que leur police d'abonnement, par les soins des compagnies.

### Instructions relatives à l'éclairage et au chauffage par le gaz, ainsi qu'aux précautions à prendre pour son emploi.

Pour que l'emploi du gaz n'offre aucun inconvénient, il importe que les becs n'en laissent échapper aucune parcelle sans être brûlée.

On obtiendra ce résultat, pour l'éclairage, en maintenant la flamme à une hauteur modérée (8 centimètres au plus), et en la contenant dans une cheminée en verre, de 20 centimètres de hauteur ; un régulateur de pression, permettant de régler automatiquement la dimension des flammes, rendra de réels services et diminuera la consommation.

Les lieux éclairés ou chauffés doivent être ventilés avec soin, même pendant l'interruption de la consommation, c'est-à-dire qu'il doit être pratiqué, dans chaque pièce, des ouvertures communiquant avec l'air extérieur, par lesquelles le gaz puisse s'échapper en cas de fuite ou de non combustion.

Ces ouvertures, au nombre de deux, devront, autant que possible, être placées l'une en face de l'autre : la première, immédiatement au-dessous du plafond, et la seconde au niveau du plancher.

Sans cette précaution, le gaz pourrait s'accumuler dans les appartements, et occasionner de graves accidents.

Les robinets doivent être graissés intérieurement, de temps à autre, afin d'en faciliter le jeu et d'en éviter l'oxydation.

Pour l'allumage, il est essentiel d'ouvrir, d'abord, le robinet principal et de présenter la lumière successivement à l'orifice de chaque bec, au moment même de l'ouverture de son robinet, afin d'éviter tout écoulement de gaz non brûlé.

Pour l'extinction, il convient, de fermer chacun des brûleurs et, ensuite, le robinet principal intérieur, qu'il est indispensable d'avoir à l'entrée du gaz dans les appartements. En tenant ce robinet fermé, dès qu'on ne fait plus usage du gaz, on est à l'abri de tout accident.

Dès qu'une odeur de gaz donne lieu de penser qu'il existe une fuite, on peut, dans beaucoup de cas, déterminer le point où elle se trouve, en étendant, avec un linge ou un pinceau, un peu d'eau de savon sur les tuyaux ; là où il y a fuite, il se forme une bulle, et pour empêcher l'écoulement du gaz, il suffit de boucher le trou avec un peu de cire molle. Une réparation plus sérieuse doit, d'ailleurs, être faite le plus tôt possible.

Dans tous les cas, il convient d'ouvrir les portes et les croisées, pour établir un courant d'air, et de fermer les robinets intérieur et extérieur ; de plus, on doit, aussitôt, en donner avis au Directeur de la voie publique et des promenades, à l'appareilleur et à la compagnie.

Le consommateur doit bien se garder de rechercher lui-même les fuites par le flambage, c'est-à-dire en approchant une flamme du lieu présumé de la fuite. Les fabricants d'appareils doivent également s'en abstenir.

Dans le cas où, soit par imprudence, soit accidentellement, une fuite de gaz aurait été enflammée, il conviendra, pour l'éteindre, de fermer le robinet de prise extérieur.

Il arrive parfois que, par suite de contre-pentes dans les tuyaux de distribution, les condensations s'accumulent dans les points bas et interceptent, momentanément, le passage du gaz, dont l'écoulement devient intermittent ; les becs situés au delà de la portion engagée s'éteignent, puis, si le gaz, par l'effet d'une augmentation de pression, parvient à franchir cet obstacle, il s'échappe des becs sans brûler et se répand dans les appartements, où il devient une cause de graves dangers.

Pour les prévenir, il importe d'établir, à tous les points bas, des moyens d'écoulement pour ces condensations

Lorsqu'on exécute dans les rues des travaux d'égout, de pavage, de trottoirs ou de poses de conduites, les consommateurs qui habitent des maisons au devant desquelles ces travaux s'exécutent, feront bien de s'assurer que les branchements qui leur fournissent le gaz ne sont point endommagés ni déplacés par ces travaux, et dans le cas contraire, d'en donner connaissance à la compagnie d'éclairage et à l'administration municipale.

# PROMENADES.

**Règlement des promenades intérieures de la ville de Paris.**

10 *octobre* 1871.

Le Préfet du Département de la Seine, Membre de l'Assemblée nationale;

Vu le rapport de l'Inspecteur général des Ponts et Chaussées, Directeur des Travaux de Paris,

Arrête :

### Art. 1er.

Les portes des squares et jardins clos de grilles sont ouvertes au public, savoir :

1° Du 1er octobre au 15 mars, de 8 heures du matin à 6 heures du soir;

2° Du 15 mars au 1er juin et du 15 août au 1er octobre, de 7 heures du matin à 10 heures du soir;

3° Du 1er juin au 15 août, de 7 heures du matin à 11 heures du soir.

Dans la seconde période les heures de fermeture, le soir, pourront être avancées suivant l'état de l'atmosphère ou lorsque les besoins du service l'exigeront.

### Art. 2.

L'entrée des squares et jardins sera formellement interdite à toute personne en état d'ivresse, ou d'une mise inconvenante, ou portant un fardeau quelconque.

Les gardes veilleront, d'ailleurs, à ce que la décence et les bonnes mœurs soient rigoureusement observées.

Aux heures fixées pour la fermeture des portes des promenades closes, les gardes avertiront les promeneurs de se retirer, et ceux-ci devront se conformer immédiatement à cette invitation.

### Art. 3.

Il est particulièrement interdit au public :

1° De former aucun groupe ou rassemblement de manière à gêner la circulation;

2° De toucher, en aucune manière, aux fleurs et arbustes, non plus qu'à tout ouvrage dépendant de la promenade;

3° De détériorer ou effeuiller les arbres, ou de marcher sur les gazons ;

4° De monter sur les rochers ou de descendre sur les berges et talus des pièces d'eau, ainsi que de rien jeter dans ces dernières ;

5° De déposer des ordures ou objets quelconques sur les allées, pelouses ou autres parties de la promenade.

6° De se livrer à aucun jeu de nature à causer quelque dégradation ;

7° D'introduire des chiens, à moins qu'ils ne soient tenus en laisse.

## Art. 4.

Dans les promenades ouvertes à la circulation des chevaux ou des voitures, les cavaliers et cochers ne devront pas sortir des chemins et allées qui leur sont assignés et conserveront, d'ailleurs, aux chevaux une allure modérée ; il est défendu de conduire à la main des chevaux libres.

Ils se conformeront, pour le stationnement des voitures, aux mesures de police qui leur seront prescrites.

Le parcours en vélocipède est interdit, dans les squares et jardins.

## Art. 5.

Aucune personne ne pourra louer ses services au public, ni les offrir, même gratuitement, dans l'intérieur ou aux entrées des squares et jardins, sans l'autorisation du préfet de la Seine.

## Art. 6.

La vente des fleurs, comestibles et rafraîchissements, des journaux ou de quelque objet que ce soit, ne pourra non plus s'effectuer, sans l'autorisation du préfet de la Seine.

Les permissionnaires devront, d'ailleurs, obtempérer immédiatement aux prescriptions qui leur seraient adressées par les agents de l'administration municipale.

## Art. 7.

Aucune affiche ne pourra être apposée, sur les pilastres des grilles, sur les maisons des gardes, ni sur le mur de clôture.

## Art. 8.

Toute infraction aux dispositions du présent Règlement sera constatée par un procès-verbal qui sera déféré aux tribunaux compétents, pour l'application de la peine encourue, sans préjudice de la réparation du dommage causé.

## Art. 9.

En cas de résistance aux injonctions adressées ou déclarations suspectes, les gardes conduiront, en se faisant au besoin, prêter main-forte, les contrevenants chez le commissaire de police de la circonscription.

## Art. 10.

L'Ingénieur en chef du service des promenades et plantations et de l'éclairage est chargé d'assurer l'exécution du présent Règlement, qui sera affiché, d'une manière très-apparente, dans chacune des promenades et inséré au *Recueil des actes administratifs de la Préfecture*.

Fait à Paris, le 10 octobre 1871.

*Signé* : Léon SAY.

### Règlement du Bois de Boulogne.

#### 10 *octobre* 1871.

LE PRÉFET DU DÉPARTEMENT DE LA SEINE, Membre de l'Assemblée nationale,

Vu le rapport de l'Inspecteur général des Ponts et Chaussées, Directeur des travaux de Paris,

ARRÊTE :

#### ART. 1er.

Les grilles du Bois de Boulogne seront ouvertes à cinq heures du matin du 1er avril au 15 octobre, et à six heures du matin du 15 octobre au 1er avril. Elles seront fermées à minuit, pendant la première période, et à dix heures pendant la seconde.

Après l'heure indiquée pour la fermeture, les préposés et les gardes ne seront tenus d'ouvrir les grilles qu'aux habitants, fonctionnaires et agents du Bois, autorisés à cet effet.

L'entrée du Bois sera formellement interdite à toute personne en état d'ivresse ou d'une mise inconvenante.

Les gardes veilleront, d'ailleurs, à ce que la décence et les bonnes mœurs soient rigoureusement observées.

#### ART. 2.

Les voitures non suspendues, étrangères au service du Bois, ne pourront y circuler, à moins d'autorisation spéciale. Il en sera de même des voitures suspendues étrangères au service du Bois, portant des matériaux, marchandises, effets, comestibles ou paquets quelconques, de celles servant au transport en commun des personnes, particulièrement des omnibus de toute forme, des tapissières et des voitures de blanchisseurs, de réclame et, en général, de celles affectées à une industrie quelconque.

#### ART. 3.

Les voitures de place ou de remise ne pourront entrer dans le Bois que pour y conduire et y attendre au besoin les personnes qui les auront prises en dehors.

En conséquence, celles qui ne seront pas conservées par ces personnes devront immédiatement sortir du Bois.

### ART. 4.

Lorsque des voitures particulières ou des voitures de place et de remise, conservées par des personnes qu'elles auront amenées, s'arrêteront dans le parcours du Bois, elle seront rangées sur les points désignés par les gardes, conformément aux ordres généraux de service. Les cochers ne devront point abandonner leurs voitures.

### ART. 5.

Il est défendu aux cavaliers de lancer leurs chevaux au galop au milieu des voitures, comme aussi de conduire à la main des chevaux libres.

Les gardiens des chevaux non montés devront les tenir en dehors du passage des voitures et des cavaliers et ne les faire marcher qu'au pas.

Les promenades de troupes et de cavalerie sont interdites.

### ART. 6.

Les vélocipèdes auront une sonnette et ne pourront circuler que sur les chaussées destinées aux voitures, à l'exception cependant du pourtour du lac et de l'allée réunissant le lac à l'avenue Uhrich qui leur sont interdits. Les jours de course toute circulation en vélocipède est défendue.

### ART. 7.

Les contre-allées et les petites allées sous bois, latérales aux routes et aux cours d'eau, sont exclusivement réservées aux piétons.

### ART. 8.

L'entrée du Bois est défendue aux musiciens ambulants et aux mendiants.

### ART. 9.

Les chevaux ou ânes de louage ne pourront être introduits dans le Bois qu'en vertu d'une autorisation expresse de l'Administration et sous les conditions énoncées dans cette autorisation.

### ART. 10.

Les personnes accompagnées de chiens devront les tenir constamment en laisse. Les chiens qui seraient trouvés vaguant dans les massifs, ou se baignant dans les pièces d'eau, seront saisis par les gardes.

## Art. 11.

Il est défendu :

1° De marcher sur les bordures de gazon, de former des frayés dans les pelouses et les massifs, ainsi que sur les berges des rivières, d'en franchir les barrages et de pénétrer sur tous les points protégés par un signe défensif quelconque, d'étêter ou de couper les arbres ou arbustes, d'en casser les branches, de cueillir des fleurs ou des fruits, d'enlever quoi que ce soit : bois, herbes, plantes, etc., etc., de détruire les nids d'oiseaux; en un mot, d'endommager d'une façon quelconque la promenade ;

2° De pêcher, de jeter des pierres ou autres objets dans les cours d'eau ;

3° De déposer des ordures, terres, matériaux, vidanges, etc., etc., tant sur les routes que sur les pelouses et massifs. Les voitures employées à ces transports seront saisies par les gardes, sans préjudice des peines portées par la loi.

## Art. 12.

Il est interdit d'allumer du feu, sous quelque prétexte que ce soit, dans le Bois.

## Art. 13.

Le tir de toute arme, de toute pièce d'artifice, est prohibé; il est également interdit de sonner du cor.

## Art. 14.

Aucune personne ne pourra louer ses services dans l'intérieur ou aux entrées du Bois, ni les offrir, même gratuitement, sans l'autorisation du préfet de la Seine.

## Art. 15.

La vente des fleurs, des comestibles, et rafraîchissements, des journaux ou de quelque objet que ce soit, ne pourra, non plus, s'effectuer sans en avoir obtenu l'autorisation du préfet de la Seine.

Les permissionnaires devront, d'ailleurs, obtempérer immédiatement aux prescriptions qui leur seraient adressées par les agents de l'administration municipale.

## Art. 16.

Aucune affiche ne pourra être apposée sur les pilastres des grilles, sur les maisons des gardes, ni sur le mur de clôture, non plus que dans l'intérieur du Bois.

## Art. 17.

Toute infraction aux dispositions du présent règlement sera constatée par un procès-verbal qui sera déféré aux tribunaux compétents pour l'application de la peine encourue, sans préjudice de la réparation du dommage causé.

## Art. 18.

En cas de résistance aux injonctions ou de déclarations suspectes, les gardes conduiront en se faisant, au besoin, prêter main-forte, les contrevenants chez le commissaire de police de la circonscription.

## Art. 19.

L'Ingénieur en chef du service des promenades et plantations et de l'éclairage est chargé d'assurer l'exécution du présent règlement, qui sera affiché, d'une manière très-apparente, dans la promenade et inséré au *Recueil des actes administratifs de la préfecture.*

Paris, le 10 octobre 1871.

*Signé* : Léon SAY.

### Règlement du bois de Vincennes.

#### 10 *octobre* 1871.

Le Préfet du Département de la Seine, Membre de l'Assemblée nationale,

Vu le rapport de l'Inspecteur général des ponts et chaussées, Directeur des travaux de Paris,

Arrête :

#### Art. 1er.

La promenade dans le Bois de Vincennes est autorisée de 6 heures du matin à 8 heures du soir depuis le 1er octobre jusqu'au 31 mars, et de 4 heures du matin à 11 heures du soir depuis le 1er avril jusqu'au 30 septembre.

En dehors des heures ci-dessus fixées, la circulation ne sera libre que sur les routes indiquées à l'article 2, ainsi que sur les boulevards et avenues de ceinture du Bois.

Le parcours du Bois sera formellement interdit à toute personne en état d'ivresse ou d'une mise inconvenante.

Les gardes veilleront, d'ailleurs, à ce que la décence et les bonnes mœurs soient rigoureusement observées.

Il est interdit de passer, pendant les exercices à feu, dans toute la partie du Bois qui s'étend derrière les buttes du tir.

#### Art. 2.

Les voitures non suspendues étrangères au service du Bois ne pourront, à moins d'autorisation spéciale, le traverser qu'en suivant une des routes ci-après désignées :

*Route nationale n° 34, de Vincennes à Nogent.*
*Route départementale n° 42, de Joinville à Vincennes.*
*Chemin de grande communication n° 26, de Nogent à Joinville.*
*Chemin vicinal n° 15, de Saint-Mandé à Charenton.*

(La circulation sur ces routes sera soumise à toutes les mesures d'ordre et de police que comporte le présent règlement.)

Il en sera de même des voitures suspendues portant des matériaux, marchandises, effets, comestibles ou paquets quelconques, de celles servant au transport en commun des personnes, particulièrement des omnibus de toute

9

forme, des tapissières, voitures de blanchisseurs et, en général, de celles qui sont affectées à une industrie quelconque.

### Art. 3.

Les voitures de place ou de remise ne pourront entrer dans le Bois que pour y conduire et y attendre au besoin les personnes qui les auront prises en dehors.

En conséquense, celles qui ne seront pas conservées par ces personnes devront sortir immédiatement du Bois.

### Art. 4.

Lorsque des voitures particulières ou des voitures de place et de remise, conservées par des personnes qu'elles auraient amenées, s'arrêteront dans le parcours du Bois, elles stationneront sur les points désignés par les gardes, conformément aux ordres généraux de service. Les cochers ne devront point abandonner leurs voitures.

### Art. 5.

Il est défendu aux cavaliers de lancer leurs chevaux au galop au milieu des voitures, comme aussi de conduire à la main des chevaux libres.

Les gardiens des chevaux non montés devront les tenir en dehors du passage des voitures et des cavaliers et ne les faire marcher qu'au pas.

Les promenades de troupes et de cavalerie ne pourront avoir lieu que sur les routes désignées à cet effet.

### Art. 6.

Les vélocipèdes auront une sonnette et ne pourront circuler que sur les chaussées destinées aux voitures; à l'exception cependant du pourtour des lacs et de l'allée réunissant le lac à l'avenue Daumesnil qui leur sont interdits. Les jours de courses toute circulation en vélocipède est défendue.

### Art. 7.

Les contre-allées et les petites allées sous bois, latérales aux routes et aux cours d'eau, sont exclusivement réservées aux piétons.

### Art. 8.

L'entrée du Bois est défendue aux musiciens ambulants et aux mendiants.

## Art. 9.

Les chevaux ou ânes de louage ne pourront être introduits dans le Bois qu'en vertu d'une autorisation expresse de l'Administration et sous les conditions énoncées dans cette autorisation.

## Art. 10.

Les personnes accompagnées de chiens devront les tenir constamment en laisse. Les chiens qui seraient trouvés vaguant dans les massifs, ou se baignant dans les pièces d'eau, seront saisis par les gardes.

## Art. 11.

Il est défendu :

1° De marcher sur les bordures de gazon, de former des frayés dans les pelouses et les massifs, ainsi que sur les berges des rivières, d'en franchir les barrages et de pénétrer sur tous les points protégés par un signe défensif quelconque ; d'étêter ou de couper les arbres ou arbustes, d'en casser les branches, de cueillir les fleurs ou les fruits, d'enlever quoi que ce soit : bois, herbes, plantes, etc., etc., de détruire les nids d'oiseaux, en un mot, d'endommager d'une façon quelconque la Promenade ;

2° De pêcher, de jeter des pierres ou autres objets dans les cours d'eau ;

3° De déposer des ordures, terres, matériaux, vidanges, etc., tant sur les routes que dans les pelouses et massifs. Les voitures employées à ces transports seront saisies par les gardes, sans préjudice des peines portées par la loi.

## Art. 12.

Il est interdit d'allumer du feu, sous quelque prétexte que ce soit, dans le Bois.

## Art. 13.

Le tir de toute arme, de toute pièce d'artifice, est prohibé ; il est également interdit de sonner du cor.

## Art. 14.

Aucune personne ne pourra louer ses services dans l'intérieur ou aux entrées du Bois, ni les offrir, même gratuitement, sans l'autorisation du préfet de la Seine.

— 13 —

## Art. 15.

La vente des fleurs, des comestibles et rafraîchissements, des journaux ou de quelque objet que ce soit, ne pourra, non plus, s'effectuer, sans en avoir obtenu l'autorisation du préfet de la Seine.

Les permissionnaires devront, d'ailleurs, obtempérer immédiatement aux prescriptions qui leur seraient adressées par les agents de l'Administration.

## Art. 16.

Aucune affiche ne pourra être apposée sur les pilastres des grilles, sur les maisons des gardes, ni sur le mur de clôture, non plus que dans l'intérieur du Bois.

## Art. 17.

Toute infraction aux dispositions du présent Règlement sera constatée par un procès-verbal qui sera déféré aux tribunaux compétents, pour l'application de la peine encourue, sans préjudice de la réparation du dommage causé.

## Art. 18.

En cas de résistance aux injonctions ou de déclarations suspectes, les gardes conduiront, en se faisant au besoin prêter main-forte, les contrevenants chez le commissaire de police de la circonscription.

## Art. 19.

L'Ingénieur en chef du service des promenades et plantations et de l'éclairage est chargé d'assurer l'exécution du présent Règlement, qui sera affiché d'une manière très-apparente dans la Promenade et inséré au *Recueil des Actes administratifs de la Préfecture.*

Paris, le 10 octobre 1871.

*Signé*: Léon SAY.

**Règlement pour le patinage sur les lacs municipaux.**

20 *novembre* 1871.

LE PRÉFET DE LA SEINE, Membre de l'Assemblée nationale,

ARRÊTE :

### ART. 1er.

Nul ne peut donner des leçons de patinage, louer des traîneaux ou des patins, sans une autorisation de l'Ingénieur en chef des promenades.

### ART. 2

Les personnes autorisées à donner des leçons de patinage doivent être vêtues convenablement, et porter, comme marque distinctive apparente, un brassard du modèle indiqué par l'Administration.

Le prix des leçons est fixé à un franc cinquante centimes par heure, soixante-quinze centimes par demi-heure.

### ART. 3.

Les traîneaux et patins destinés à la location doivent être toujours tenus en bon état.

Le prix de location de ces instruments est fixé ainsi qu'il suit :

Pour les traîneaux : un franc cinquante centimes par heure, soixante-quinze centimes par demi-heure ;

Pour les patins ordinaires : un franc par heure, cinquante centimes par demi-heure ; l'heure se payera entière si la première demi-heure est dépassée.

Au delà de la première demi-heure, on ajoutera vingt-cinq centimes par quart d'heure.

### ART. 4.

Les loueurs de patins, ainsi que les individus autorisés par l'Ingénieur en chef des promenades à offrir leurs services pour attacher les patins, doivent être porteurs de médailles du modèle délivré par l'Administration.

## Art. 5.

Les individus préposés à la conduite des traîneaux doivent être présentés par les personnes autorisées à louer ces véhicules, se tenir proprement vêtus, et porter un brassard comme signe distinctif.

Ils ne peuvent exiger aucune rémunération en dehors du prix fixé par l'article 3.

## Art. 6.

Il est interdit de monter sur la glace des lacs, mares et ruisseaux avant que l'ordre soit donné de livrer la surface des glaces aux patineurs.

Cet ordre, affiché aux entrées de la promenade, indique les heures auxquelles le public peut descendre sur la glace.

## Art. 7.

Il est pareillement interdit aux patineurs et à toutes autres personnes de descendre sur la surface gelée des rivières et pièces d'eau, et sur toutes autres parties portant un écriteau avec cette inscription : Dangereux ou réservé.

## Art. 8.

Les glisseurs, auxquels un emplacement est désigné, ainsi que les personnes non munies de patins, ne peuvent circuler ni stationner sur la glace dans les parties affectées aux patineurs.

## Art. 9.

Les patineurs doivent, pour attacher leurs patins et descendre sur la glace, se placer aux lieux indiqués par les écriteaux.

## Art. 10.

Il est interdit de se placer sur les gazons pour s'élancer sur la glace.

Les promeneurs sont tenus, d'ailleurs, de se conformer aux instructions des gardes, en ce qui concerne la circulation autour des pièces d'eau et le passage sur les gazons.

## Art. 11.

Toute infraction aux dispositions du présent Règlement sera constatée par un procès-verbal qui sera déféré aux tribunaux compétents, pour l'application de la peine encourue, sans préjudice de la réparation du dommage causé.

## Art. 12.

En cas de résistance aux injonctions ou de déclarations suspectes, les gardes conduiront, en se faisant au besoin prêter main-forte, les contrevenants chez le commissaire de police de la circonscription.

## Art. 13.

L'Ingénieur en chef du service des promenades et plantations et de l'éclairage est chargé d'assurer l'exécution du présent règlement, qui sera affiché d'une manière très-apparente dans la Promenade et inséré au *Recueil des Actes administratifs de la Préfecture.*

Fait à Paris, le 20 novembre 1871.

*Signé :* Léon SAY.

# TABLE.